NA ESCOLA
Alternativas Teóricas e Práticas

Esta coleção tem por objetivo debater os dilemas do cotidiano escolar presentes na atividade educacional contemporânea. Busca-se um conjunto de leituras possíveis em torno de uma mesma temática, visando reunir diversos referenciais teóricos e soluções alternativas para os problemas em foco. Atinge-se assim um panorama atualizado e abrangente, tanto das questões relevantes à prática escolar atual quanto das novas perspectivas para o seu enfrentamento.

Dados Internacionais de Catalogação na Publicação (CIP)
(Câmara Brasileira do Livro, SP, Brasil)

Erro e fracasso na escola : alternativas teóricas e práticas / coordenação de Julio Groppa Aquino. – São Paulo: Summus, 1997.

Vários autores.
Bibliografia.
ISBN 978-85-323-0609-8

1. Erros 2. Fracasso escolar 3. Psicologia educacional I. Aquino, Julio Groppa.

97-2178   CDD-371.28

Índices para catálogo sistemático:

1. Erros na escola : Educação   371.28
2. Fracasso escolar : Educação   371.28

Compre em lugar de fotocopiar.
Cada real que você dá por um livro recompensa seus autores
e os convida a produzir mais sobre o tema;
incentiva seus editores a encomendar, traduzir e publicar
outras obras sobre o assunto;
e paga aos livreiros por estocar e levar até você livros
para a sua informação e o seu entretenimento.
Cada real que você dá pela fotocópia não autorizada de um livro
financia o crime
e ajuda a matar a produção intelectual de seu país.

Erro e fracasso na escola

Alternativas teóricas e práticas

Julio Groppa Aquino
Organizador

summus
editorial

ERRO E FRACASSO NA ESCOLA
Alternativas teóricas e práticas
Copyright© 1997 by autores
Direitos desta edição reservados por Summus Editorial

Coordenação da coleção: **Julio Groppa Aquino**
Capa: **Raghy**
Projeto gráfico de capa: **Yvoty Macambira**

Summus Editorial
Departamento editorial:
Rua Itapicuru, 613 – 7º andar
05006-000 – São Paulo – SP
Fone: (11) 3872-3322
Fax: (11) 3872-7476
http://www.summus.com.br
e-mail: summus@summus.com.br

Atendimento ao consumidor:
Summus Editorial
Fone: (11) 3865-9890

Vendas por atacado:
Fone: (11) 3873-8638
Fax: (11) 3873-7085
e-mail: vendas@summus.com.br

Impresso no Brasil

SUMÁRIO

	Apresentação	7
1	**As noções de erro e fracasso no contexto escolar: algumas considerações preliminares** José Sérgio Fonseca de Carvalho	11
2	**O erro na perspectiva piagetiana** Yves de La Taille	25
3	**Sobre diferenças individuais e diferenças culturais: o lugar da abordagem histórico-cultural** Marta Kohl de Oliveira	45
4	**As fontes do erro** Heloysa Dantas de Souza Pinto	63
5	**Avaliação e fracasso: a produção coletiva da queixa escolar** Adriana Marcondes Machado	73
6	**O mal-estar na escola contemporânea: erro e fracasso em questão** Julio Groppa Aquino	91
7	**Para além do fracasso escolar: uma redefinição das práticas avaliativas** Marli E. D. A. André e Laurizete F. Passos	111
8	**Avaliação escolar e democratização: o direito de errar** Sandra Maria Zákia Lian Sousa	125
9	**A autonomia da escola como contribuição à redução do fracasso escolar** José Carlos Mendes Manzano e Nívia Gordo	141

APRESENTAÇÃO

As pesquisas e levantamentos sobre a escolarização, tanto na Europa quanto nos Estados Unidos, assim como na América Latina, têm apontado como problemas principais da educação formal contemporânea a disciplina/indisciplina e a avaliação/reprovação dos alunos.

Tais fenômenos, em última instância, talvez pudessem ser compreendidos como duas faces de uma mesma moeda. No primeiro caso, trata-se do excesso em relação ao *establishment* pedagógico; no segundo, da falta. Ambos, entretanto, findam por ser associados à figura, ao mesmo tempo arbitrária e tão costumeira, dos "alunos-problema", que parecem grassar nas salas de aula, assombrando professores, técnicos, pais, especialistas e os teóricos em educação.

No Brasil, em particular, tais questões vêm tomando contornos alarmantes; e os professores, como agentes imediatos da instituição escolar, vêem-se cada vez mais atônitos frente às novas exigências de seu cotidiano profissional. A partir dos dados de pesquisa e de seus depoimentos, pode-se constatar que, em geral, uma sensação de desproteção teórica e técnica, ou até mesmo ética, parece acompanhá-los silenciosamente, no confronto com as situações emergenciais que brotam da prática diária de sala de aula. E isso, guardadas as devidas particularidades, parece valer tanto para as escolas particulares quanto para as da esfera pública. Como enfrentar, então, tais dilemas de maneira mais produtiva, mais autônoma?

A essa indagação a coleção *Na escola: alternativas teóricas e práticas* tem-se dedicado sistematicamente. Por meio dela, algumas temáticas de difícil abordagem na prática pedagógica têm sido tomadas como objeto privilegiado de reflexão. O objetivo fundamental é o debate em torno de temas "transversais" à educação, de cunho escolar propriamente, ou seja, entram em foco as indagações concretas da prática escolar que habitam o discurso e o fazer educacional.

Este livro, o terceiro da série, precedido por *Indisciplina na escola: alternativas teóricas e práticas* e por *Sexualidade na escola: alternativas teóricas e práticas*, tem a mesma proposta editorial dos anteriores: uma coletânea de ensaios em torno de um mesmo tema, que visa aglutinar, de forma concisa mas substancial, múltiplos enfrentamentos teóricos e possíveis encaminhamentos práticos para a temática em pauta.

Para tanto, o que se busca não são abordagens eminentemente pedagógicas, sob a forma de encaminhamentos técnico-metodológicos para os problemas em foco, nem tampouco uma teoria geral da educação que vise dar conta abstratamente desses problemas. Ao contrário, os temas em discussão — no caso, *erro e fracasso* — podem comportar soluções alternativas do ponto de vista teórico, que prescindam de uma abordagem técnica e/ou generalista. Trata-se muito mais da tentativa de produzir uma certa compreensão teórico-prática do trabalho educacional a partir da própria concreticidade dos fenômenos escolares.

Cumpre-me esclarecer também que esta é a primeira publicação brasileira, de que se tem notícia, que congrega as discussões dos dois temas, até então tratados distintamente. Em geral, o primeiro tema — o erro — tem sido dissecado por teóricos mais alinhados a uma perspectiva psicológica, enquanto o segundo — o fracasso — tem sido objeto de enfoques mais de cunho sociológico e educacional.

Neste livro, a proposta é que eles sejam articulados, desdobrados como resultados de um mesmo processo. Isto é, entendê-los como uma díade conceitual torna-se a tarefa crucial, mesmo porque não há fracasso sem erro, e, no erro, o fantasma do fracasso se insinua. Assim, é possível e desejável que se compreenda o fracasso escolar como uma espécie de efeito cumulativo do erro do aluno, ou, então, este como presságio daquele.

Nesse sentido, é certo que nem sempre a escola consegue atingir plenamente seus objetivos instrucionais, deparando com situações em que os alunos não cumprem com o mínimo esperado — são os, assim denominados, "distúrbios de aprendizagem". Há aí, evidentemente, um tipo de imposição indireta das causas do erro/fracasso ao próprio aluno, às suas "diferenças" tomadas individualmente.

Mas, vale o peso da indagação, onde residiriam outras causas plausíveis do erro/fracasso escolar: no aproveitamento discente, na avaliação do professor, na estruturação das relações institucionais escolares, ou no sistema educacional como um todo? Quais as possíveis razões para o baixo ou nulo rendimento escolar? O que faz um aluno não aprender *at all*?

Múltiplas respostas podem ser esboçadas a tais questões. Dependendo do ponto de vista, podemos entender a ocorrência do erro/fracasso como um evento de ordem psicológica, institucional, ou mesmo sócio-política. E isso as páginas que se seguem demonstram com inegável clareza.

De qualquer forma, o que parece entrelaçar, de certa maneira, os diferentes textos e suas perspectivas analíticas pontuais é o descentramento da problemática da figura exclusiva do "aluno-problema", ampliando sua abordagem para além de uma perspectiva imediatista e reducionista.

Convenhamos, se o erro/fracasso é um dilema de ordem imediatamente escolar, é necessário que também a escola seja colocada em cheque. Porque, se não, é possível incorrermos no paradoxo, ou no equívoco, de considerar apenas o sucesso pedagógico como resultado do trabalho escolar, e o fracasso, por sua vez, como uma produção tributária de instâncias extra-escolares.

Ora, não é possível que continuemos a ter dois pesos para duas medidas. Aquilo que se diz "problema" ou "impedimento" para o trabalho de sala de aula não pode ser considerado senão como um efeito, igualmente concreto, das práticas que o produziram. Sob esse olhar, o sucesso e o fracasso, assim como o erro e o êxito pedagógicos, só podem ser compreendidos como efeitos duplos, e antagônicos, das mesmas relações que os constituíram.

Vê-se, portanto, que a questão do erro/fracasso merece e exige respostas urgentes de todos nós (teóricos ou protagonistas da ação escolar), ainda mais se levarmos em conta que, já às portas do próximo século, o fluxo ininterrupto de informações parece ser o grande elemento estruturador das relações sociais e humanas — portanto, da cidadania — num mundo dito "globalizado". E, vale ressaltar, a escola é o único meio que conhecemos capaz de assegurar a amplitude e exiqüibilidade de tal tarefa.

Desse modo, é cada vez mais consensual que a opção por uma escola, de qualidade e para todos, é a ordem do dia dos países que se pretendem algo mais do que meros consumidores de informação. E essa opção, de uma forma ou de outra, pode se presentificar (ou não) em cada sala de aula das escolas brasileiras.

O organizador

As noções de erro e fracasso no contexto escolar:
algumas considerações preliminares

José Sérgio Fonseca de Carvalho*

> *O fato de que o aluno não mostrou nenhum sinal de progresso ontem ou hoje é absolutamente compatível com um possível progresso na semana ou no bimestre seguinte. As sementes, de fato, germinam lentamente. Os músculos demoram para enrijecer. Você conseguiu nadar logo em sua primeira aula de natação? Caso você não o tenha conseguido, isso significa que você nada aprendeu nessa aula?*
>
> GILBERT RYLE

A associação entre *erro e fracasso* apresenta-se à nossa mente quase como um substantivo composto ou um binômio, que freqüentemente culmina na reprovação do aluno. Ela está entre aqueles pares que podem vir separadamente, mas tantas são as vezes em que aparecem juntos quando pensamos em educação, ensino e aprendizagem, que dão a impressão de serem companheiros necessários, ou quase indispensáveis. Da mesma forma que arroz com feijão ou goiabada com queijo nos parecem pares quase inseparáveis quando falamos de comida. Mas seria o erro um indício do fracasso no conhecimento e na aprendizagem, como se houvesse entre eles uma ligação de causa e efeito? Poderíamos não apenas dissociá-los, mas, por exemplo, sugerir outros pares, como *erro e conhecimento, erro e êxito*?

A muitos, talvez, erro e conhecimento ou erro e êxito não soe impossível, mas pelo menos estranho. Algo bizarro como arroz e macarrão ou, pior ainda, goiabada com feijão. No entanto, não são poucos os pensadores para quem o erro se associa a outras noções como *esperança, conhecimento* e *aprendizagem*. Não são necessariamente pedagogos modernos, professores permissivos, nem reformadores educacionais. São filósofos, por vezes distanciados de nós no tempo, por vezes distanciados da preocupação pedagógica, mas que têm muito a nos dizer, já que freqüentemente

---

* Filósofo e pedagogo. Mestre e doutorando pela Faculdade de Educação da USP, onde é professor de Filosofia da Educação. É também co-autor de *Indisciplina na escola: alternativas teóricas e práticas* (Summus, 1996).

11

refletiram sobre o papel do erro para o conhecimento, para a aprendizagem ou para algum outro aspecto da conduta humana.

Demóstenes, filósofo grego da Antiguidade, via no erro não um caminho para o fracasso ou para o desespero, mas antes uma razão para a esperança: "o que no passado foi causa de grandes males deve parecer-nos *princípio de prosperidade para o futuro*. Pois, se houvésseis cumprido perfeitamente tudo o que se relaciona com vosso dever, e, mesmo assim, não houvesse melhorado a situação de vossos interesses, não restaria qualquer esperança de que tal viesse a acontecer. Mas, como as más circunstâncias em que se encontram não dependem das forças das coisas, mas dos *vossos próprios erros*, é de se esperar que, estes corrigidos, haja uma grande mudança e *a situação se torne favorável*" (apud Bacon, 1979, p. 63, grifos nossos). O filósofo Bacon, que cita Demóstenes, nos diz que a *verdade* emerge mais facilmente do *erro* do que da confusão. Em uma idéia análoga, M. Oakeshott afirma: "a aprendizagem não começa com a ignorância, mas com o erro" (in: Peters, 1968, p.173).

Erro e esperança, erro e verdade ou e*rro e aprendizagem* são apenas alguns dos pares possíveis. Eles foram citados simplesmente para mostrar que o automatismo da ligação entre erro e fracasso pode ser proveniente mais de uma associação mecânica e, muitas vezes, preconceituosa, do que de uma relação causal que se traduziu em máxima pedagógica.

Quando associamos erro e fracasso, como se fossem causa e conseqüência, por vezes nem sequer percebemos que, enquanto um termo — o erro — é um *dado*, algo objetivamente detectável, por vezes até indiscutível, o outro — o fracasso — é fruto de uma *interpretação* desse dado, *uma forma de o encararmos* e não *a conseqüência* necessária do erro. Um erro pode ser interpretado de diversas formas. Frente a uma mesma prova contendo o mesmo erro, por exemplo, professores diferentes provavelmente fariam avaliações e interpretações diferentes. Enquanto um vê uma falha grave, outro pode ver um deslize sem maior importância.

Assim, a primeira coisa que devemos examinar é a própria noção de que erro é inequivocamente um *indício* de fracasso. A segunda questão intrigante é que, curiosamente, o fracasso é sempre o fracasso *do aluno*. O que gostaria de demonstrar é que a constatação de um erro não nos indica, de imediato, que não houve aprendizagem, tampouco nos sugere inequivocamente fracasso, seja da aprendizagem, seja do ensino.

Há erros de diferentes tipos, que podem nos sugerir diferentes interpretações possíveis. Por outro lado, para que haja aprendizagem concorre uma enorme variedade de fatores. Alguns desses fatores são nossos velhos conhecidos, mas há outros cuja complexidade mal vislumbramos. Mas, ainda assim, ignorando os múltiplos fatores que intervêm na aprendizagem, temos feito diagnósticos pretensamente precisos e taxativos que invariavelmente ligam a existência do erro ao *fracasso do aluno*, como se este fosse um caminho simples, invariável e de mão única — o que seguramente não é o caso.

Os tipos de erros e suas possíveis interpretações

> *Admitidamente, todos nos esforçamos por evitar erros; e deveríamos ficar tristes ao cometer um engano. Todavia, evitar erros é um ideal pobre; se não ousarmos atacar problemas tão difíceis que o erro seja quase inevitável, então não haverá crescimento do conhecimento. De fato, é com as nossas teorias mais ousadas, <u>inclusive as que são errôneas</u>, que mais aprendemos. Ninguém está isento de cometer enganos; <u>a grande coisa é aprender com eles</u>.*
>
> Karl Popper

O primeiro dos problemas que temos de enfrentar, se situamos o erro em um contexto de aprendizagem escolar, é o fato de que por esse termo designamos freqüentemente pelo menos dois tipos de problemas completamente diferentes e que, no entanto, são tratados indiscriminadamente pelo professor. Uma resposta errada a um problema ou questão pode explicitar dois fatos totalmente distintos: a ignorância, a confusão ou o esquecimento de um dado, uma informação, ou então a ignorância ou malogro de uma operação, por meio de uma tentativa frustrada de aplicação de uma regra ou de um princípio na resolução de um problema.

Um exemplo claro do primeiro caso seria a resposta errada — ou a ausência de resposta — para uma questão como: *qual a capital de Alagoas?*; já um exemplo do segundo seria uma resposta equivocada, total ou parcialmente, a uma pergunta como *quais relações podemos estabelecer entre o índice de chuva, a latitude, o relevo e a temperatura do litoral de Alagoas?* No primeiro caso queremos saber se o aluno *sabe que* Maceió é a capital de Alagoas, ou seja, se ele reteve uma informação que o professor considera, adequada ou inadequadamente, como relevante. Já no segundo, não se trata exatamente da busca por uma informação, mas de uma tentativa de averiguar se o aluno *sabe fazer* algo, ou seja, se ele sabe estabelecer relações entre dados, apontar causas a partir da posse de certas informações.

Essa distinção entre os usos do verbo "saber", que por vezes significa *a posse de uma proposição* que acreditamos ser verdadeira (como *saber que* Maceió é a capital de Alagoas, *saber que* a Independência do Brasil foi proclamada em 1822), mas que por vezes significa *a posse de uma habilidade ou capacidade* (como *saber ler, saber resolver* uma equação), foi destacada pelo filósofo inglês Gilbert Ryle. Tal distinção, embora aparentemente trivial, é fundamental para compreender a tarefa pedagógica de um professor, assim como a natureza dos objetivos na aprendizagem escolar, e, conseqüentemente, para reavaliarmos as expectativas e relações entre *erro, avaliação, êxito* e *fracasso.* Assim, talvez valha a pena determo-nos um pouco mais no duplo uso dessa noção de "saber", para depois voltarmos à questão do erro.

Uma pessoa pode, por exemplo, saber inúmeros fatos sobre o jogo de futebol; quando e como se iniciou, quais as regras que presidem suas práticas e até mesmo os princípios que devem ser observados ao se chutar uma bola parada. Isso não o torna alguém que *saiba jogar* futebol, ainda que ele *saiba que* o futebol é jogado em tais ou quais condições, observando-se tais ou quais regras ou princípios. No limite, ele pode até ser, por razões físicas, impedido de chutar uma bola. O fato de ele ter um conjunto de proposições verdadeiras sobre o futebol não implica que ele saiba jogá-lo.

Por outro lado, é possível e muito provável que o melhor dos jogadores de futebol tenha poucas informações desse tipo, excetuando-se, evidentemente, o conhecimento básico das regras do jogo. Ele pode, por exemplo, chutar com perfeição uma bola ao gol sem ser capaz de descrever, conceitualmente, como ele o faz. Dizer que ele *sabe jogar* futebol não significa, portanto, afirmar que ele tem um certo número de proposições verdadeiras acerca da teoria e dos princípios do futebol, mas que ele tem um *certo desempenho* ao qual atribuímos uma avaliação positiva; que ele *sabe fazer* algo.

Poderíamos ser tentados a pensar, no entanto, que as coisas assim se passam no plano de uma atividade esportiva, como o jogo de futebol, mas que não seria esse o caso no desenvolvimento de capacidades e conhecimentos intelectuais ou morais mais tipicamente escolares, como o ensino e a aprendizagem de disciplinas curriculares ou de atitudes exigidas na escolarização. Contudo, exemplos análogos poderiam ser encontrados nesses campos.

É possível saber de cor todo o alfabeto, ou mesmo a escrita de uma ou outra palavra em particular, sem que se saiba ler e escrever. É possível ter decorado nomes e regras gramaticais de uma língua estrangeira, sem que se saiba falar tal língua, assim como é possível falar e escrever bem uma língua sem um amplo domínio teórico das regras gramaticais ou da fonética. É possível saber uma série de proposições acerca das obras de filósofos ou mesmo de suas vida e doutrina, sem que se saiba como filosofar ou, pelo menos, distinguir um pensamento filosófico rigoroso de um argumento falacioso ou inconsistente.

Na verdade, o objetivo do ensino de qualquer disciplina sempre ultrapassa a mera memorização de informações e de casos exemplares dos quais o professor, inevitavelmente, se vale na busca da transmissão de um conteúdo qualquer. Avaliamos o êxito de qualquer ensino não pela capacidade de reprodução que o aluno tem do que lhe foi apresentado como informação ou caso exemplar, mas pela sua capacidade de construir soluções próprias a novos problemas, ainda que para issso ele recorra àquilo que lhe foi colocado como caso exemplar, ou seja, que ele lance mão das "soluções canônicas" que lhe foram apresentadas em aula. Esse é um preceito básico que adotamos em quase toda relação de ensino e aprendizagem, mas que curiosamente esquecemos com freqüência quando se trata do ensino e aprendizagem escolares e, sobretudo, da avaliação formal desta. Jamais ensinamos uma criança a decorar todas as possíveis combinações de horas, minutos e segundos de um relógio, nem consideramos que ela já saiba ler as horas em um relógio analógico se decorou um pequeno conjunto de combinações. Dizemos que ela sabe ler as horas quando é capaz, por si própria, de aplicar o conhecimento prévio numa situação nova. E o mesmo é válido, virtualmente, para qualquer campo do saber humano, por mais complexo e amplo que seja. No entanto, a maior parte das provas e instrumentos de avaliação que usamos centra-se fundamentalmente na busca de informações, como se nosso saber fosse redutível a um saber exclusivamente proposicional (saber *que*...).

É evidente que em toda capacidade, em todo saber fazer, partimos de certas proposições, de certas informações, sem as quais a resolução de um novo problema é praticamente impossível. No caso, por exemplo, da questão em que se pede para um aluno relacionar índice pluviométrico, ventos e temperatura, é necessário que tais dados lhe estejam disponíveis no próprio exercício ou em sua memória. Relacionar tais dados pressupõe seu conhecimento ou disponibilidade, assim como saber ler as horas pressupõe saber ler os números que a indicam.

Mas a questão principal é que ensinamos tais dados menos pelo seu valor isolado do que pela possibilidade que eles apresentam de levar o aluno a um certo tipo de raciocínio, uma *certa forma de pensar e compreender o mundo por intermédio da operação com conceitos de uma área do saber*. Assim como ensinamos uma criança a reconhecer que a posição dos ponteiros indica que são 7h20, não a fim de que ela reconheça isoladamente essa possibilidade, mas para que saiba aplicar esse conhecimento a qualquer hora. Em síntese, ensinamos algo para que ela desenvolva certas *capacidades*.

Ora, se não somos simplesmente transmissores de informação, mas professores preocupados sobretudo em desenvolver capacidades,[1] é preciso que tenhamos clareza na distinção entre meros *erros* de informação e *problemas* no desempenho de capacidades. E uma primeira distinção pode repousar justamente na diferença entre ignorar uma informação e desen-

---

1. Uma clara indicação de que nossa tarefa não reside simplesmente em transmitir dados é o fato de que, apesar de termos tecnologia suficiente, não transformamos a escola em um simples retransmissor de informações, a partir, por exemplo, de aparelhos de videocassete ou terminais de computadores — o que seria, seguramente, bem mais barato. Podemos até utilizá-los, mas o papel do professor é insubstituível, posto que a pertinência, adequação e compreensão do significado da informação exige o discernimento de um professor.

volver um raciocínio (ou uma operação) de forma parcial ou completamente equivocada.

Podemos, por exemplo, dizer que uma informação é correta ou errada, sem referência absolutamente necessária ao contexto de seu uso ou a quem a usa. Afirmar simplesmente que Recife é a capital de Alagoas é uma informação errada.[2] Se alguém assim afirmar, podemos dizer que ele não sabe qual é a capital daquele estado. Mas o quadro muda muito se nos referirmos a uma capacidade.

Imaginemos a seguinte questão dirigida a uma pessoa: *você fala inglês*? Agora suponhamos três situações distintas: um turista desesperado na rua à procura de seu hotel, uma entrevista de emprego e uma conferência no exterior. É perfeitamente viável supormos que uma mesma pessoa possa falar *sim* para o turista, pois possui algum conhecimento do idioma; *razoavelmente* para seu entrevistador, já que seu conhecimento é suficiente para aquele emprego; e *não* frente a um pedido para realizar uma conferência em inglês.

O exemplo acima demonstra que a avaliação de uma capacidade não prescinde de certos dados que nos situem em relação a quem a desempenha ou ao contexto em que ela é desempenhada. Não podemos usar o mesmo critério para dizer que alguém "sabe escrever" se ele está na primeira série do ensino fundamental, na universidade ou em um concurso literário. Em cada uma dessas situações a noção de "saber escrever" comporta exigências diferentes. Avaliar o desenvolvimento de uma capacidade exige a determinação do grau de desempenho prévio do aluno, do nível de seu progresso, e, sobretudo, da pertinência de nossas exigências ante as possibilidades e necessidades reais desse aluno — o que é notadamente diferente de apontar um erro de informação.

Isso tudo faz com que tenhamos de repensar tanto a própria idéia do que seja um erro como a sua conseqüência na aprendizagem. Uma informação errada pode e deve ser retificada, mas a avaliação do *desenvolvimento de capacidades* não comporta com precisão, e em termos absolutos, o certo ou errado, ainda que possa estar aquém ou além do que esperamos. Em avaliações escolares é sempre importante distinguirmos se o erro é um equívoco de informação ou mesmo de cálculo, ou se, ao contrário, é um erro de raciocínio, de uso de princípios e regras. Ainda, neste último caso, faz-se necessário ponderarmos em que medida tal ou qual erro ou desempenho é pertinente para aquele segmento da escolaridade, para aquela faixa etária, para os objetivos da disciplina em questão e para as expectativas que temos como professores.

---

2. A bem da verdade, mesmo em um caso como este, a correção da informação tem alguma ligação com o contexto histórico. A informação de que Rio de Janeiro ou Salvador são a capital do Brasil pode ser correta, dependendo da época em que é enunciada. No entanto, a dependência do contexto para avaliar uma capacidade é muito mais marcante, e não circunstancial como neste caso.

Essa expectativa em relação ao desempenho, entretanto, não pode ser abstrata, isto é, ser fixa e independente das condições reais dos alunos e de suas possibilidades de progresso. Ela não deve ser estabelecida *a priori*, mas resultar da ponderação acerca das condições concretas em que os alunos se encontram. Um desempenho é classificado como satisfatório ou não dependendo das variáveis do contexto. É assim, por exemplo, que avaliamos o desempenho de um jogador de futebol no campo da esquina ou na copa do mundo. Nossos critérios para avaliar a gravidade do erro ou a excelência do desempenho em capacidades são variáveis, e é imprescindível que eles o sejam, tanto no futebol como na escola.

Por isso, faz-se necessário, a partir dessa diferenciação quanto ao erro e a avaliação de informações ou capacidades, examinar mais criteriosamente a própria noção de erro na aprendizagem, bem como a sua eventual superação. Um erro de informação é corrigido dando-se a informação correta ou preenchendo a lacuna da ignorância com uma informação que não se tinha. Mas, e no caso das capacidades? Um desempenho considerado insuficiente revelaria apenas a ignorância de certas regras ou informações?

Em primeiro lugar, é preciso destacar que apontar um caso de uso inadequado de um princípio ou regra claramente formulados pode ser uma situação pedagógica privilegiada, posto que nela temos um elemento pedagógico precioso: um contexto significativo para a aprendizagem dessa regra ou princípio. Nele o aluno tem um caso exemplar de uma aplicação de regras ou procedimentos cuja utilidade poderia lhe parecer abstrata, mas que neste caso se revela útil à sua própria produção. Mas é preciso ter em mente que o desempenho em uma capacidade, como vimos, não depende simplesmente da posse de informações, mesmo que estas sejam sobre regras de uso (por exemplo, a gramática). Aliás, há uma série de exigências no desempenho de uma habilidade que nem sequer é passível de formulação explícita em regras, ainda que estejam presentes no desempenho de uma atividade. Tais exigências estão presentes em qualquer capacidade, e constituem aquilo que Oakeshott chama de *discernimento*.

O termo discernimento[3] é por ele definido como o elemento implícito ou tácito do conhecimento, que não é passível de compartimentalização em informações ou itens isolados sob a forma de proposições, tal como as informações. Ao ser aprendido, ele não se torna passível de esquecimento. Um advogado, por exemplo, precisa mais do que o domínio das leis e sanções previstas em um código sob a forma de *informação*. Sua atuação exige o *discernimento* das leis que melhor se aplicam ao caso em julgamento, da ligação entre as circunstâncias concretas daquele caso com o

---

3. Traduzimos o termo *judgement* por discernimento uma vez que, como ficará claro na citação, o autor parece empregá-lo no sentido de capacidade de *ajuizamento, tirocínio* e *decisão*.

previsto nas informações, das peculiaridades que sugerem um caminho dentre outros tantos possíveis. Um jogador de xadrez respeita as regras que informam a possibilidade de movimento de cada peça, mas recorre ao discernimento para optar por uma dentre as incontáveis jogadas, por aquela que lhe pareça a mais conveniente ou vantajosa.

E o mesmo é válido em uma disciplina escolar, como, por exemplo, a literatura. A leitura de uma obra literária exige muito mais do que a decifração mecânica dos caracteres e das palavras. Exige o discernimento para o tema que se aborda, para a beleza do texto, a analogia entre o que está sendo expresso e nossas vivências pessoais; enfim, sua apreciação exige uma série de capacidades que não são formuláveis em regras ou proposições, mas cuja ausência torna inviáveis a compreensão e a apreciação literárias.

Como destaca Oakeshott, o discernimento "não pode ser aprendido separadamente (das informações); nunca é explicitamente aprendido e só é apreensível pela prática, mas pode ser aprendido em qualquer coisa que se aprenda, tanto na carpintaria como nas aulas de latim ou química. Se aprendido, nunca pode ser esquecido e não precisa ser rememorado a fim de que se possa apreciá-lo. Ele é, de fato, freqüentemente *o resíduo que permanece quando tudo mais se esquece*, é a sombra do conhecimento perdido" (ibid., p.175, grifos nossos).

Daí a importância do conceito de discernimento para a compreensão das tarefas de ensino e aprendizagem de uma capacidade no contexto escolar e, como veremos, também para a noção do erro e suas possíveis interpretações. O discernimento resulta em independência e capacidade de ajuizamento daquele que aprende, características que, no limite, estão entre os mais importantes objetivos da escolarização. À informação, que poderia ser simplesmente um peso morto do passado, o discernimento confere o caráter de uma herança viva em que o aluno é iniciado. Mas, se o discernimento não constitui um conjunto de informações ou proposições, como pode um professor ensiná-lo? Se ele não é transmissível diretamente em informações, como desenvolvê-lo em uma situação pedagógica?

Não há respostas exaustivas a tais questões. Capacidades diferentes exigem diferentes formas de ensino, mas há pelo menos alguns pontos importantes ao considerarmos o desenvolvimento de *capacidades* e *conhecimentos* que muito nos interessam em virtude dos temas *erro* e *fracasso*. Posto que cada área do saber humano, cada capacidade a ser desenvolvida tem sua forma própria, princípios particulares de operação e critérios específicos de avaliação, enfim, seus próprios *modi operandi*, é plausível pensarmos que a assimilação da forma de uso e dos critérios de avaliação de cada capacidade é também variável, assim como o são as estratégias de ensino.

Poderíamos afirmar, no entanto, que o ensino de capacidades em geral conta com um núcleo básico de estratégias usadas pelo professor, tais como a transmissão de certas informações fundamentais, o exercício em casos típicos, e, em larga medida, o exemplo de uma forma de lidar com determinados tipos de problemas. A interpretação de um texto literário, por exemplo, lança mão de informações relativas ao próprio texto e ao contexto em que foi escrito, a análises canonizadas e também às próprias vivências e preocupações do professor. Esse conjunto de procedimentos fornece um certo modelo aos alunos. Mas, algo fundamental a ser apontado é o fato de que os alunos aprenderão a interpretar textos ao fazê-lo, ou seja, por meio de suas próprias tentativas e erros na aplicação desses princípios e critérios, só que mediante um novo problema ou desafio. E isso é válido independentemente da natureza da capacidade.

É assim que procedemos para ter domínio em uma capacidade ou conhecimento, seja ao jogar futebol, falar uma língua estrangeira, levar a cabo uma pesquisa científica etc. Somos capazes de, em alguma medida, dominar essas capacidades ou melhorar nossos desempenhos nessas atividades porque, entre outras coisas, ao executá-las por conta própria nos apercebemos de nossos erros ou insuficiências e, a partir dessas tentativas e do exame crítico dos erros, desenvolvemos nosso discernimento quanto às formas e critérios que regem uma determinada capacidade em particular.

Assim, por exemplo, aprendemos a falar nossa língua. A língua, verbal e escrita, por ser um dos mais importantes processos de iniciação de uma criança no mundo cultural e social, é um ótimo exemplo do que acabamos de dizer. Por ser uma capacidade aberta, seu domínio nunca é total, no sentido de que sempre pode ser aperfeiçoado. Iniciamo-lo, em grande medida, por uma imitação mecânica de sons, mas, pouco a pouco, tentamos novos usos, palavras e combinações de palavras que até então eram inusitadas. E o domínio das formas lingüísticas se amplia, em parte, porque a cada vez que erramos nos apercebemos, pela correção ou reação dos outros, de que a forma utilizada não foi correta ou apropriada. Seu domínio exige tanto a informação, o significado das palavras e as regras de formação de frases, como o discernimento, que nos informa sobre a propriedade de um discurso em relação ao interlocutor, por exemplo.

Dessa forma, aprendemos constantemente a ampliar o domínio que temos de uma língua. Nossos interlocutores apontam, direta ou indiretamente, nossos erros e insuficiências — o que não nos transforma em *falantes fracassados,* mas em *falantes em constante aprimoramento.* A busca por novas formas de resolver nossos problemas de comunicação implica a tentativa de caminhos que nem sempre se mostram imediatamente corretos. O crescente discernimento no uso da língua, a ampliação de vocabulário e a correção nas construções só são possíveis porque agimos por meio de *tentativas, erros e avaliação crítica* de novos usos, até o ponto em que aquilo que um dia nos foi impossível torna-se viável.

O contexto escolar deveria ser o local por excelência das tentativas próprias de solução de problemas, seguidas de um exame crítico por parte do professor. Se é verdade que eventualmente aprendemos de todos aqueles que nos rodeiam, é inegável que os professores e as escolas têm no ensino e na aprendizagem não uma meta eventual, mas a razão de ser de seu trabalho. Não existimos para *decretar fracassos*, mas para *promover aprendizagens*. E nesta tarefa os erros, frutos das tentativas de operar com novos conceitos e procedimentos, têm um papel fundamental, posto que a partir de seu exame crítico desenvolve-se o discernimento.

O professor é, portanto, o agente institucional que incorpora os cânones, procedimentos e critérios de capacidades e disciplinas, e, em seu contato com a produção dos alunos, inicia-os nessa capacidade, em larga medida mostrando-lhes também o que não fazer, o que não é um procedimento aceitável dentro dos critérios de funcionamento de uma disciplina. Nesse sentido, não devemos ter uma visão excessivamente romântica e psicologizante que ignora ou não atua sobre erros e inadequações, sob o pretexto vago de deixar a criatividade e as regras "brotarem" e serem "construídas", como se o domínio de uma capacidade fosse um "caminho natural do desenvolvimento infantil". Apontar um erro ou inadequação não significa "podar a criatividade", nem decretar o fracasso. Significa instrumentalizar os alunos para que adquiram uma capacidade que não podemos pressupor que tenham.

Na verdade, boa parte do trabalho de um professor consiste e deve consistir em mostrar que certos caminhos tomados não são bons para se chegar onde se quer. "Deveríamos pensar na transmissão de métodos (procedimentos, critérios e discernimento) como um treinamento inicial que leva os alunos a evitarem pântanos específicos, ruas sem saídas, procedimentos perigosos ensinando-os a reconhecê-los como tais. Capacitá-los a evitar problemas, desastres, incômodos e esforços em vão é ajudá-los a moverem-se para onde eles querem mover-se. As placas de trânsito, em sua maioria, não existem para impedirem o trânsito de fluir. Elas existem como proibições que evitam o impedimento do trânsito." (Ryle, 1968, p.116)

Correções de erros no caminho da resolução de um problema ou na tentativa de aplicação de um procedimento não são, portanto, necessariamente ações classificadoras de fracassados e não fracassados. Podem, e em um contexto escolar devem, ser sinais regulamentadores que levam o aluno a criar seu próprio caminho. Como vimos, o discernimento no desempenho de capacidades — objetivo fundamental de qualquer disciplina — é adquirido a partir da efetiva prática de tal capacidade e do confronto com as dificuldades de sua aplicação. É, muitas vezes, a partir da constatação de um raciocínio falacioso, de uma rima de gosto duvidoso ou vulgar, de um procedimento de questionável eficácia que somos capazes de desenvolver os critérios pertinentes a cada uma dessas áreas. E é nesse sentido que *erro*, visto como uma oportunidade de ensino, se associa com *esperança, conhecimento e êxito,* e não necessariamente com fracasso.

Atribuições do fracasso

> *Uma crise só se torna um* desastre *quando respondemos a ela com* juízos pré-formados, *isto é, com* preconceitos. *Uma atitude dessas não apenas aguça a crise como nos priva da experiência da realidade e da oportunidade por ela proporcionada à reflexão.*
>
> HANNAH ARENDT

Não basta simplesmente vislumbrarmos a possibilidade ou mesmo a pertinência de, em nosso trabalho cotidiano como professores, associarmos o erro não ao fracasso, mas ao próprio processo de aprendizagem. É preciso pensarmos que, mais do que uma *possibilidade,* essa perspectiva é hoje uma *necessidade*. O fracasso escolar, que tem sido concebido como o fracasso do aluno ante às demandas escolares, é hoje provavelmente o maior empecilho à democratização das oportunidades de acesso e permanência da grande massa da população em nossas instituições escolares. É, nesse sentido, o maior sintoma da *crise* de nossas escolas.

E tal crise tem sido desastrosa, não simplesmente pelo número inaceitável de alunos reprovados, mas também porque a ela temos respondido de forma invariavelmente preconceituosa, atribuindo sempre ao aluno as causas do fracasso. As poucas tentativas de escapar desse julgamento atribuem, em geral, o fracasso a condições exteriores à escola, à desigualdade e perversidade sociais e à "lógica de exclusão" que parece dominar nossas instituições sociais.[4] Esses fatores evidentemente têm um peso considerável no processo, mas seria no mínimo ingênuo supor que as práticas escolares não tenham influído decisivamente para que esse quadro não se altere.

O processo de ensino e aprendizagem em uma instituição escolar está envolvido, como havíamos dito, em uma vasta gama de variáveis. *Grosso modo*, podemos categorizá-las em três grandes blocos, que se subdividem em um outro número significativo de fatores. Esses blocos se expressam na natureza triádica[5] inerente à própria noção de "ensinar". Sempre que empregamos a noção de ensino temos em mente, implícita ou explicitamente, um ato com três elementos: *alguém que ensina*, no caso das instituições escolares, o professor; *algo que é ensinado*, uma discipli-

---

4. Um dado que faz com que essa constatação seja ainda mais desconcertante é o fato de que professores, freqüentemente críticos da perversidade social, estranhamente parecem ignorar os fatores internos que levam, consciente ou inconscientemente, a essa situação calamitosa. No limite, tal desconsideração é uma afirmação implícita de que o nível de aprendizado nada ou muito pouco tem a ver com o ensino e o trabalho escolar.

5. Veja-se a esse respeito o capítulo 2 da obra de Passmore, *A filosofia do ensino.*

na ou habilidade constante do currículo escolar, e *alguém a quem se ensina*, os alunos.

Dizemos que o ensino foi bem-sucedido quando *o que se ensina* foi aprendido por *aquele a quem se ensina*. Avaliamos, portanto, o êxito no ato de ensinar quando algo sucede fora dele, ou seja, no aluno que aprende, ainda que possivelmente em decorrência do ensino. O mesmo se passa com o fracasso ou o malogro do ensino: seu resultado visível é a ausência ou insuficiência, manifestada pelo aluno, do que foi aprendido. Em ambos os casos é na *produção do aluno* que se afere o grau de êxito de nossos esforços para ensinar algo a alguém. Como quem nos indica sempre o êxito ou malogro de nossas intenções de ensino é o *aluno*, por meio de sua produção, a ele atribuímos invariavelmente, e num raciocínio no mínimo falacioso, *a causa* do fracasso, já que lá reside sua manifestação concreta. É como se disséssemos que o pobre é a causa da pobreza, já que é nele que esta se manifesta concretamente.[6]

Se o ensino invariavelmente conta com esses três elementos, é no mínimo plausível imaginarmos que quando não há aprendizagem, a causa pode igualmente encontrar-se em qualquer um dos três, ou mesmo na combinação entre esses fatores, e não apenas naquele a quem se ensina. É verdade que não há aprendizado se aquele a quem se ensina não deseja aprender ou é relapso por qualquer motivo. Mas também não deixa de ser verdadeiro que o problema pode residir fundamentalmente naquele que ensina ou ainda naquilo que é ensinado, bem como numa combinação entre diferentes proporções de tais elementos.

Quem dentre nós nunca vivenciou uma situação em que nos empenhamos sinceramente no aprendizado de algo e não tivemos êxito imediato, seja porque o que nos foi ensinado estava além de nossas possibilidades de apreensão naquele momento, ou porque quem tentou ensiná-lo não vislumbrou formas de fazê-lo que nos propiciassem êxitos mínimos? Não se trata, como veremos, de buscar culpados ou de se deslocar a culpa de um pólo a outro, mas de reconhecer que o aprendizado resultante do ensi-

---

6. Deixo de lado aqui, deliberadamente, uma questão complexa que mereceria uma análise mais detalhada. Ao avaliarmos o aprendizado de um aluno por meio de uma prova ou trabalho, tomamos como pressuposto que estes são instrumentos confiáveis para tal fim, o que nem sempre é o caso. Azanha, por exemplo, destaca que "provas e trabalhos escolares não são instrumentos de medida no sentido canônico da expressão, mas simples meios auxiliares que subsidiam a avaliação pessoal que o professor faz da aprendizagem do aluno. A utilização de um instrumento de medida, por mais simples que este seja, somente será adequada se houver clareza sobre a propriedade ou qualidade cuja magnitude se pretende medir... Ora, na imensa maioria das vezes, na avaliação educacional, o professor nem mesmo se propõe questões a respeito da validade e da precisão das provas ou dos trabalhos escolares que utiliza". In: *Avaliação escolar, algumas questões conceituais* (texto inédito apresentado no II Encontro sobre Experiências Inovadoras de Ensino na Universidade de São Paulo, realizado nos dias 11 e 12 de novembro de 1996, na Faculdade de Educação da USP).

no escolar é um fenômeno complexo, que não comporta causas únicas e invariáveis.

As causas que pretensamente atribuem o fracasso àqueles *a quem ensinamos* nos são bem familiares, ainda que nem sempre verdadeiras. Atribuímos o fracasso à sua preguiça, ao seu despreparo, às suas condições de vida e assim por diante. Raramente nos ocorre, no entanto, que por vezes *aquilo que ensinamos* pode ser inadequado a quem estamos ensinando (seu grau de dificuldade, por exemplo, pode ser maior que a possibilidade de apreensão dos alunos; determinado conteúdo pode exigir conhecimentos prévios que eles não possuem). Por outro lado, ainda é plausível considerar que, a despeito de nossos possíveis esforços, a forma pela qual ensinamos pode não ser a melhor ou a mais adequada àqueles alunos.

Acredito que todas essas reflexões sejam capazes de nos levar pelo menos a questionar preceitos que identificam automática e inequivocamente erro e fracasso, assim como a atribuição desse fracasso a carências do aluno.

Mas há ainda uma outra perspectiva desse problema, cuja abordagem é, em certo sentido, menos técnica, e que demanda um outro tipo de justificativa. Não podemos deixar de nos perguntar qual o significado de um índice de reprovação de 20%, 30%, 40% ou mais. Qual a razão para tanto: um quarto ou quase metade de nossos alunos não são capazes para o que lhes oferecemos, ou nossas expectativas e formas de atuação não estão condizentes com os alunos que temos?

A viabilidade da primeira hipótese, de que somente um pequeno percentual das crianças está preparada, é capaz ou merece continuar a escolaridade, é condicionada por outra premissa, não de natureza pedagógica, mas de política educacional: a de que a escola é *para alguns*. Essa pode ser, eventualmente, a escolha de uma sociedade, mas é bom que ela fique clara e apareça como tal. Até há bem pouco tempo o direito de voto era restrito a homens e proprietários. A decisão de estendê-lo às outras camadas da população foi uma conquista que exigiu grandes transformações em nosso quadro político. Analogamente, a decisão de que a escolaridade fundamental deve ser estendida a toda população não é uma questão pedagógica *stricto sensu*, mas política.[7] Aceita a premissa de que todos têm o direito à escolarização fundamental, que inclusive é um preceito constitucional em nosso país, a questão que se nos coloca é como viabilizá-la da melhor maneira possível.

Esse tipo de questão não permite uma abordagem exclusivamente técnica, como se a resposta residisse em um conjunto de medidas didáticas. Ela não decorre necessariamente de uma visão estritamente pedagógica, ou mesmo psicológica, da criança ou do processo de aprendizagem.

---

7. Veja-se, a esse respeito, o artigo *Democratização do ensino: vicissitudes da idéia no ensino paulista*. In: Azanha, 1987, pp. 25/43.

Por trás dela há um compromisso de política educacional que a anima: o ideal de que todos os cidadãos tenham o direito de acesso e permanência na escola fundamental. Esta tem de ser para todos. Até porque o critério de seleção e exclusão escolares pautado em expectativas abstratas quanto ao nível de desempenho do aluno não é menos perverso do que se fundado nos antigos critérios de nobreza de sangue, de poder econômico ou qualquer outro. A exclusão é, em si, perversa, independentemente das bases em que pretensamente a fundamos.

Sem a clara compreensão desse valor que deve animar as práticas educacionais, não há medida política ou estratégia pedagógica capaz de concretizar os oito anos de escolaridade fundamental para todas as crianças no Brasil. Dentre outras coisas, a forma pela qual um professor interpreta e trabalha o erro ou a inadequação de uma produção do aluno não pode ignorar o compromisso que anima o ideal de uma escolaridade fundamental a toda a população. Se não bastassem todas as razões anteriormente apontadas para que o erro fosse um dado a ser trabalhado e não uma constatação, na maior parte das vezes equivocada, do fracasso do aluno, esta razão do compromisso político já seria o suficiente.

A partir dela, isoladamente, já seríamos capazes de percebermos que a repetência e a evasão são *sim um fracasso*, não exatamente do aluno, mas das instituições escolares que têm sido incapazes de lidar com os segmentos da população a que elas se destinam. Fracassamos todos nós, os que ensinam, os que são ensinados e todos os demais integrantes desta sociedade. E fracassamos não simplesmente nas tarefas de propiciar ao indivíduo que estuda uma oportunidade de seguir seus estudos, de obter um diploma ou de se inserir no mercado de trabalho, posto que essas são apenas algumas das faces da ação educativa, ainda que importantes. A exclusão escolar em seu segmento fundamental materializa, também e sobretudo, o fracasso de toda uma geração já adulta em iniciar as novas gerações nas disciplinas, capacidades e valores que julgamos fundamentais, portanto, *básicos, comuns e necessários* a todos. O que é um enorme fracasso. Não do aluno, mas de todos nós!

Bibliografia

ARENDT, H. (1978) *Entre o passado e o futuro*. São Paulo: Perspectiva.
AZANHA, J.M.P. (1987) *Educação:* alguns escritos. São Paulo: Ed. Nacional.
PASSMORE, J. (1984) *The philosophy of teaching*. Londres: Duckworth.
PETERS, R. (1968) *The concept of education*. Londres: Routledge & Keagan Paul.
POPPER, K. (1975) *Conhecimento objetivo*. Belo Horizonte: Itatiaia; São Paulo: Edusp.
RYLE, G. (1979) *On thinking*. Oxford: Basil Blackwell.

O erro na perspectiva piagetiana

Yves de La Taille*

Refletir sobre o erro representa uma boa oportunidade de revisitar a teoria de Jean Piaget. Por dois motivos pelo menos. O primeiro: a teoria piagetiana da inteligência humana e de seu desenvolvimento redimensionou, sob vários aspectos, a questão do erro. De pecado capital da aprendizagem, o erro ganhou certa nobreza, foram demonstradas sua função e sua utilidade. O segundo: em que pese a importância do erro nos processos de aprendizagem e desenvolvimento, tem-se a impressão de que algumas interpretações pedagógicas do construtivismo piagetiano "sacralizaram" o erro, tornaram-no "intocável", e, por conseguinte, deram à sua prevenção (os modelos) e à sua correção — por parte do adulto, pai ou professor — um ar de profanação. O objetivo do presente texto é tanto mostrar, no quadro da teoria de Jean Piaget, o quanto o erro deve merecer um trato pedagógico bem mais rico do que sua simples condenação sumária, como tornar relativo seu valor como produção dos alunos. Para tal, apresentarei pontos que julgo essenciais na teoria piagetiana e, para cada um deles, proporei uma reflexão sobre o significado do erro e as decorrências pedagógicas.

O conhecimento como interpretação

Comecemos por um dos conceitos mais conhecidos da teoria de Piaget: a *assimilação*. Este conceito é por ele retirado da biologia, ciência na qual significa "converter em substância própria". Dito de maneira metafórica, quando um coelho come uma salada, a salada "torna-se coelho"; portanto, é assimilada ao organismo deste. Ora, para Piaget, o conceito de assimilação

---

* Mestre e doutor em Psicologia Escolar pelo Instituto de Psicologia da USP, onde é professor da graduação e da pós-graduação. Autor de *Ensaio sobre o lugar do computador na educação* (Iglu, 1990), e co-autor de *Computador e ensino: uma aplicação à língua portuguesa* (Ática, 1986), *Piaget, Vygotsky, Wallon: teorias psicogenéticas em discussão* (Summus, 1992), *Cinco estudos de educação moral* (Casa do Psicólogo, 1996) e *Indisciplina na escola: alternativas teóricas e práticas* (Summus, 1996).

deve ser empregado para toda e qualquer forma de interação entre um organismo e seu meio. E, sendo a inteligência e os conhecimentos que dela derivam instrumentos de interação, deve-se dizer que, por intermédio dessa inteligência, o ser dela dotado assimila elementos do meio.

Assim resume Piaget (1967, p.14): "Fisiologicamente, o organismo absorve substâncias e as transforma em função da sua. Ora, psicologicamente, é a mesma coisa, salvo que as modificações de que se trata não são mais de ordem substancial, mas unicamente funcional, e são determinadas pela motricidade, a percepção, ou o jogo das ações reais ou virtuais (operações conceituais etc.)".

Dessa interpretação da inteligência resulta um fenômeno da maior importância. Se o exercício da inteligência traduz-se pela incorporação de elementos do meio, tal incorporação deve ser, em alguma medida, determinada pela organização dessa inteligência. Voltando ao exemplo acima, se a salada ingerida pelo coelho "torna-se coelho", é certo que elementos dessa salada integram-se à organização biológica desse animal. Fosse o contrário, deveríamos dizer que é o coelho que "se torna salada", ou seja, que os elementos do meio determinam qual será a organização dos seres que nele vivem. Interessantemente, essa idéia segundo a qual o "coelho torna-se salada" é freqüente quando se pensa na inteligência. Muitos acreditam que ela é de uma plasticidade tal que suas diversas formas nada mais são do que o resultado das pressões do meio, notadamente aquelas resultantes da educação. Ora, o que a teoria piagetiana sempre enfatizou foi justamente que tais pressões — que evidentemente existem — não moldam a inteligência. Sem dúvida têm importantes efeitos, mas devem contar com a capacidade de assimilação da inteligência, capacidade esta que se modifica durante o desenvolvimento, mas que sempre impõe um limite às possibilidades de aprendizagem e de cognição do sujeito.

Portanto, podemos dizer que o ato de conhecer é um ato de interpretação porque conhecer significa assimilar o objeto à organização de que a inteligência é dotada. A realidade exterior não se impõe como um todo à consciência; esta "filtra" aquela, retendo e interpretando aquilo que é capaz de incorporar a si. Em uma palavra, conhecer é conferir sentido, e esse sentido não está todo pronto e evidente nos objetos do conhecimento: ele é fruto de um trabalho ativo de assimilação.

Muitos são os exemplos do valor do conceito de assimilação aplicado à inteligência. Vamos dar alguns, começando pela chamada inteligência sensório-motora,[1] ou seja, aquela à qual está limitada a criança nos seus dezoito primeiros meses de vida.

---

[1]. Chama-se de inteligência sensório-motora aquela que se expressa pelas percepções e pelas ações materiais do sujeito. Sua limitação está em não empregar a representação (por exemplo, a linguagem) e, portanto, não poder pensar o mundo através de substitutos simbólicos deste.

Imaginemos um bebê de cinco meses, a quem a mãe apresenta uma caixinha que ele quer pegar, só que colocando um obstáculo, por exemplo, uma almofada na frente, que, justamente, o impede de se apoderar do objeto cobiçado. Qual seria a solução "óbvia" para esse pequeno problema? Ora, retirar o obstáculo e pegar a caixinha! Porém, o bebê em questão não age assim: ele simplesmente procura atingir diretamente o objeto desejado (seja por cima ou pelos lados da almofada), e assim fracassa nas suas tentativas. Por que fracassa? Será a falta de um esquema de ação, como o de pegar ou simplesmente bater, para afastar ou derrubar o obstáculo? Certamente não, já que vemos freqüentemente esse bebê agir dessa forma. Na verdade, o que ainda lhe falta é uma forma importante de organizar suas ações, forma esta que se traduz pela diferenciação e ordenação de esquemas motores segundo o critério "meios e fins". Dito de forma mais simples, esse bebê ainda não sabe que pode empregar algumas ações apenas como meio para, em seguida, empregar outras como fim (entendendo como fim a ação correspondente à satisfação do desejo da criança, no caso, a obtenção da caixa apresentada pela mãe). Essa mesma criança, alguns meses mais tarde, resolverá facilmente o mesmo problema, retirando o obstáculo e apoderando-se do objeto desejado. Em resumo, a diferenciação das ações em ações-meio e ações-fins corresponde a uma organização nova da inteligência, organização esta que permite resolver problemas antes intransponíveis. E essa organização não somente permite novas soluções, como também promove novos conhecimentos sobre o mundo. De fato, a diferenciação das ações em meios e fins é contemporânea da construção do "objeto permanente", ou seja, do objeto considerado como existindo apesar de não momentaneamente percebido. Um bebê de cinco meses não procura um objeto que tenha desaparecido do seu raio de visão; age como se não existisse mais ou limita-se a chorar. Por volta dos nove meses, vemo-lo procurar ativamente o objeto perdido, acionando, notadamente, sua nova capacidade de coordenar meios e fins (por exemplo, levantar uma coberta para verificar se o objeto não se encontra debaixo dela).

 Vamos agora ver alguns exemplos de crianças mais velhas (entre três e sete anos em média), crianças que já se comunicam pela fala e, portanto, verbalizam as concepções que têm dos diversos aspectos do mundo em que vivem. Os exemplos são retirados de um belo livro de Piaget intitulado *A representação do mundo na criança*,[2] no qual o autor nos traz as teorias espontâneas das crianças a respeito de temas como a origem das nuvens, as relações entres as palavras e as coisas, a definição de vida, de consciência etc.

---

 2. O livro é de 1926, portanto escrito durante a fase hoje chamada do jovem Piaget. Note-se o emprego da palavra "representação", também muito empregada na Psicologia Social, e que remete justamente às formas que pessoas de grupos diferentes empregam para "ler" diversos aspectos do mundo.

Eis o que nos diz uma criança de seis anos a respeito dos sonhos: "(o sonho) entra de noite na nossa cabeça; é quando vemos tudo preto que o sonho vem. Enquanto dormimos, ele sai; fica diante dos olhos, contra a parede. Meu pai não pode vê-lo, porque sou eu que estou dormindo" (Piaget, 1926/1972, p.94). Tal concretude atribuída a algo "imaterial" é chamada de *realismo*. O realismo infantil encontra-se em vários setores do conhecimento: por exemplo, nas concepções infantis sobre o pensamento (pensa-se com a boca, as idéias encontram-se no cérebro e poderiam ser vistas ao abrir a cabeça de alguém); outro exemplo são as relações entre palavras e as coisas (os nomes pertencem às coisas, que, portanto, não poderiam ter outro). O realismo encontra-se também na moralidade: são as conseqüências materiais dos atos, e não as intenções que os presidiram, que representam o critério central para o juízo moral infantil (por exemplo, alguém que tenha quebrado dez copos sem querer será considerado mais culpado do que alguém que tenha quebrado um só, mas intencionalmente).

Longe de representarem meros devaneios sem compromisso, as concepções "realistas" correspondem a um estágio do desenvolvimento da inteligência. Elas traduzem um fenômeno de capital importância para entender a criança pequena: a presença de uma fronteira ainda frágil entre o Eu e o meio, fragilidade que se traduz pelo fato de a criança ainda confundir qualidades e características suas com qualidades e características do mundo exterior, seja ele físico ou social. No caso do realismo, ela atribui qualidades materiais a características espirituais: o que é exterior, físico, invade o que é interior (fica claro nos casos do sonho e do pensamento). E a recíproca também é verdadeira: qualidades internas (sentidas subjetivamente) são empregadas para compreender o externo. Por exemplo, os astros se movem *porque querem* (portanto, são dotados de intencionalidade), tudo que se move tem vida etc. A esse tipo de interpretação dos fenômenos naturais, Piaget chama de *animismo*. E, tanto realismo como animismo traduzem o caráter *egocêntrico* da inteligência infantil, egocentrismo sendo o conceito psicológico que justamente traduz essa confusão entre interno (o Eu) e externo, entre subjetividade e objetividade.

O egocentrismo também se encontra nas concepções que as crianças têm de sociedade e de suas relações com o demais membros desta. Elas pensam, por exemplo, que os elementos ditos naturais (como astros, água, montanhas) são produtos de uma fabricação humana. Na mesma idade, verifica-se que as crianças são extremamente sugestionáveis: acreditam que idéias que repetem dos outros foram inventadas por elas.

Em resumo, as representações que a criança pequena tem do mundo são mais uma demonstração de que, em vez de simplesmente "copiar" o que vê ou ouve, a inteligência assimila, confere sentido segundo o nível de organização de que é dotado. Assim, podemos dizer que há, realmente, uma inteligência infantil, ou seja, uma forma singular de tratar as informações recolhidas do meio. Tal forma não se explica pela mera ignorância a respeito das "respostas certas", portanto, não se explica pela falta de uma educação apropriada.

Mas, aqui, alguém poderá dizer que os exemplos já citados não são convincentes, porque temas como a origem dos astros, dos nomes, as definições de consciência, sonho etc., são questões complexas (filosófica e cientificamente falando) e, por conseguinte, é muito pequena a probabilidade de as crianças terem, sozinhas, concepções razoáveis sobres elas. A essa ressalva, pode-se responder com um argumento e com outros exemplos. O argumento: é evidente que se trata de questões complexas, mas tal fato não explica a razão da presença constante de interpretações animistas e realistas. Não é, portanto, apenas a complexidade e a ignorância infantil que explicam a qualidade de suas interpretações; é preciso admitir que existe uma estrutura geral que as preside. Quanto a mais dados que confirmem a hipótese piagetiana, eles existem em profusão. Vamos ver um cujo caráter inesperado poderá talvez convencer os mais céticos.

Peça a uma criança de seis anos que engatinhe e, em seguida, descreva os movimentos que realizou. Nada de aparentemente difícil nessa tarefa: a criança sabe engatinhar e pode observar a si própria fazendo os movimentos. Não há tampouco dificuldade de linguagem. Ora, ela não consegue chegar à descrição correta. Ela dirá, por exemplo, que move os dois braços e, em seguida, as duas pernas, quando, na verdade, ela realiza um movimento cruzado (braço direito, perna esquerda, braço esquerdo e perna direita). Para explicar o fenômeno, Piaget emprega dois conceitos: *observável* e *coordenação*. Os observáveis são os fatos percebidos, e as coordenações são justamente as interpretações que o sujeito faz sobre aquilo que observa e, conseqüentemente, determinam a qualidade das próprias observações. A criança de seis anos realmente *se vê* engatinhando como descreve. Mais velha, ver-se-á engatinhando de outra forma, embora seus movimentos permaneçam os mesmos de quando era menor. Aliás, esse fenômeno de interpretação dos fatos aparentemente mais "evidentes" já havia sido evidenciado por Freud: as pessoas freqüentemente nutrem ilusões a respeito de si mesmas ou de outras, se vêem ou as vêem como pensam que são e não como outros observadores as enxergariam.

Freud atribuía fatores emocionais, notadamente inconscientes, a essas distorções, interpretação que é, hoje, amplamente aceita. Sem negá-la, Piaget ofereceu uma explicação suplementar no que diz respeito às diversas fases da infância: certas "fantasias" infantis não são necessariamente devidas a problemas emocionais, mas sim ao nível de estruturação de sua inteligência. E, como se sabe, Piaget optou por descrever os vários níveis dessa estruturação por meio da lógica formal e da matemática. Para ele, a irreversibilidade do pensamento infantil de dois a oito anos é a principal explicação das características singulares dos conhecimentos que constroem. Mas não vem ao caso entrarmos nesse universo lógico aqui.

Basta admitir que conhecer é interpretar, e que a qualidade das interpretações depende dos diversos níveis de estruturação da inteligência. Para o tema do erro, tal tese tem algumas implicações relevantes.

Comecemos por definir o que entendemos por erro. No campo dos conhecimentos, chamaremos de erro tanto as idéias infantis que contradizem os conhecimentos solidamente estabelecidos pela humanidade (por exemplo, que a Terra gira em torno do Sol ou que os astros se movem em razão de leis físicas e não em decorrência de alguma forma de intencionalidade) quanto aquelas que as próprias crianças, quando mais velhas, abandonarão definitivamente (por exemplo, que a Lua as segue ou que os sonhos têm materialidade).

Isso posto, tais erros infantis podem ser vistos de duas formas: uma negativa e outra positiva.

A forma negativa evidencia-se pela diferença existente entre o conhecimento correto e o conhecimento incorreto. Assim, uma criança que afirma que tudo aquilo que se move possui consciência tem uma teoria errada a respeito do universo. A importância da presença desses erros deve ser contemplada do ponto de vista de um diagnóstico a respeito do nível de desenvolvimento da inteligência do sujeito.

Quanto à forma positiva de se conceber tais erros, ela diz respeito ao testemunho que dão da atividade da inteligência infantil. As concepções animistas e realistas, por exemplo, são a prova de que a criança constrói teorias sobre o mundo, pensa esse mundo. Assim, pode-se dizer que a presença de teorias erradas é preferível à ausência delas, ou seja, preferível à ausência de uma reflexão sobre os fenômenos do mundo. Os recentes estudos sobre psicogênese da língua escrita mostraram bem o quanto é mais rico uma criança acreditar que as sílabas são representadas por uma letra só, do que não possuir hipótese alguma sobre como se escrevem as palavras.

Podemos agora fazer algumas ponderações pedagógicas.

A primeira é a mais óbvia: a condenação sumária de todo e qualquer erro traduz uma ignorância a respeito do caráter interpretativo da inteligência, ou um desprezo em relação à inteligência infantil. Será uma ignorância a respeito dos processos de assimilação se o erro for unicamente avaliado em relação ao "certo" e não pensado a partir de sua qualidade intrínseca. Nesse sentido, há erro e erros. Tomemos como exemplo um aluno que fracassa em resolver uma conta aritmética. Talvez ele já tenha compreendido a lógica da operação, mas tenha dificuldade em dominar a mecânica dos algoritmos. Mas talvez sua dificuldade esteja justamente em compreender a lógica da operação e, por conseguinte, a resolução de algoritmos lhe aparece como uma mecânica totalmente privada de sentido. Se o fato de fracassar for, nos dois casos, o único critério de avaliação desse aluno, estará se fazendo um diagnóstico errado cujas conseqüências em termos de aprendizagem serão desastrosas. De fato, enquanto, no primeiro caso, a inteligência mostra-se capaz de assimilar a lógica matemática implicada na operação, no segundo, é essa lógica que falta.[3] Ora, tal lógica está diretamente relacionada com os diversos níveis de organização da inteligência. Em resumo, os erros dos alunos podem dar pistas importantes sobre suas reais capacidades de assimilação.

Dissemos que a condenação sumária do erro também pode traduzir um desrespeito à inteligência infantil.[4] Tal fato acontecerá quando o adulto simplesmente não der ouvidos ao que as crianças falam, interpretando suas idéias como meras tolices, fantasias sem compromisso ou provas de profunda ignorância. Ora, quando assim se desprezam os erros presentes nas concepções infantis, não somente o adulto rebaixa a auto-estima das crianças, levando-as a abandonar seus esforços espontâneos de reflexão, como ele se priva de importante base para suas pretensões educativas. De fato, sendo a inteligência uma organização e seu desenvolvimento uma constante reorganização, deve-se sempre partir do que a criança sabe ou pensa saber para que aprenda e se desenvolva. Fazer de conta que ela nada pensa, de que ela nada sabe, não somente a humilha como a leva a confundir aquilo que, por conta própria, elaborou com o que lhe é ensinado. Quantas vezes, mesmo no terceiro grau, percebemos, no fim do curso, que velhas concepções sobre temas como emoções ou inteligência, com as quais os alunos entraram na faculdade, permanecem presentes e misturadas aos conhecimentos ensinados nas aulas! Em resumo, desprezar as teorias espontâneas das crianças, portanto desprezar seus erros (como anteriormente definidos), é procurar fazer *tabula rasa* na inteligência dos alunos, tentativa esta que (felizmente, aliás) é fadada ao fracasso.

Porém, é preciso balizar com bom senso o que acaba de ser exposto. Nossa segunda decorrência pedagógica vai nesse sentido. É preciso lembrar que nem sempre é fácil avaliar a qualidade de um erro. Para nele identificar o indício de um nível de estruturação da inteligência, é preciso saber como esta se organiza e por que níveis passa tal estruturação. Um estudo de psicologia do desenvolvimento cognitivo é portanto necessário. Há erros que provêm do esquecimento, outros de dificuldades de manuseio da linguagem, outros ainda ligados à simples ignorância a respeito de determinado tema. Portanto, o erro somente pode ser profícuo do ponto de vista diagnóstico se o professor tiver instrumentos teóricos para avaliar sua qualidade, seu "quilate".

---

3. O mesmo exemplo pode ser dado com adultos: a maioria deles, se escolarizados, entende o conceito de raiz quadrada, mas desconhece como extraí-las (a não ser com uma máquina de calcular); a dificuldade em extrair uma raiz quadrada é bem diferente daquela de entender do que se trata, de ter o *conceito* de raiz quadrada.
4. Contaram-me o exemplo de uma criança de seis anos que pediu ao pai para "desmurchar" os pneus de sua bicicleta. Trata-se de um "erro" de português, porém, quanta inteligência lingüística há nesse neologismo espontâneo!

Pensando agora nas teorias infantis, é preciso ter em mente que nem sempre o que a criança nos diz é necessariamente fruto de uma atividade intelectual espontânea e genuína. Ela pode simplesmente estar inventando qualquer resposta na hora! Piaget estava plenamente consciente desse fato quando redigiu *A representação do mundo na criança*: num capítulo deste livro, ele justamente alerta o leitor para a enorme dificuldade de se ter acesso ao verdadeiro pensamento infantil. Às vezes, a criança simplesmente procura responder o que ela acha que o adulto quer ouvir; outras vezes é, sem saber, influenciada pelas perguntas deste; outras vezes, ainda, opta pelo que Piaget chamou de "qualquercoisismo", ou seja, respostas totalmente sem compromisso e prontamente esquecidas. Portanto, nem sempre os erros dos alunos serão prova de atividade intelectual; poderão ser meras respostas rápidas para "ter o que falar" ou livrar-se facilmente da tarefa. Lembremos que se é verdade que a inteligência infantil é costumeiramente muito ativa, nem por isso as crianças pensam ou querem pensar sobre tudo. E lembremos também que o trabalho da reflexão é lento, e que, se quisermos que os alunos realmente pensem por si só sobre diversos temas, devemos dar-lhes tempo, o que um interrogatório "aqui-agora" não pode garantir.

Até agora, falamos dos erros que as crianças cometem, *mas que não interpretam, elas mesmas, como erro*. Fica a pergunta: como elas superam esses erros? É o tema do próximo item que se dedicará justamente à *leitura do erro*.

O conhecimento como construção

Houvesse apenas o conceito de assimilação, estaríamos privados do entendimento de como evolui a inteligência. De fato, assimilar é integrar elementos do meio a estruturas do organismo. Se tais estruturas fossem fixas, sua capacidade de assimilação estaria dada de uma vez por todas. Pensando em estruturas da inteligência, não teríamos como explicar a aprendizagem e o desenvolvimento, a não ser que admitíssemos, com as teorias inatistas, que, seguindo um programa genético, novas estruturas desabrocham automaticamente com o decorrer do tempo. Mas tal explicação separa os processos de aprendizagem e de desenvolvimento. Este último seria explicado apenas pela progressiva maturação do sistema nervoso, e a primeira não representaria mais do que a capacidade de assimilação de cada estrutura. Piaget nunca achou plausível tal explicação, preferindo outra que acabou sendo conhecida como *construtivismo*.

Na sua definição geral, construtivismo refere-se a um conjunto de teorias que afirmam que a evolução da inteligência é fruto da *interação do sujeito com seu meio*, interação na qual, por meio de um trabalho ativo de ação e reflexão, ele cria ferramentas cada vez mais complexas para conhecer o universo. Portanto, o construtivismo opõe-se à idéia de que o conhecimento é mera cópia dos objetos percebidos ou dos discursos ouvidos; vale dizer que o construtivismo nega que a inteligência seja uma "página em branco" na qual as diversas experiências ou lições simplesmente se escrevem e se acumulam linearmente durante a vida. O construtivismo opõe-se também às concepções inatistas, que pensam o desenvolvimento como puro desenrolar de um programa inscrito nos genes. Em resumo, toda perspectiva construtivista aceita a idéia de assimilação:[5] conhecer é dar significado; e aceita também o fato de que é na interação com o meio que as diversas formas de assimilação são criadas pelo sujeito. Nesse sentido, *todo construtivismo é necessariamente interacionista*. E quem sente a necessidade de falar em "construtivismo-interacionista" imagina erroneamente que possa haver um construtivismo sem interação (em razão de que se daria a construção?), ou quer, por redundância, marcar a importância da interação. Ou, então, pretende dizer que a interação é exclusivamente interação com a cultura, com a sociedade; mas, nesse caso, seria melhor achar uma maneira de incluir o adjetivo "social" em algum lugar do nome da teoria. Porém, aqui, já entramos no campo das divergências internas ao campo construtivista. Como anunciado anteriormente, apresentei uma definição geral. Discordâncias podem aparecer — e aparecem — em vários pontos. Por exemplo, como descrever a estruturação da inteligência? Por intermédio dos conceitos de operação e de lógica como o fez Piaget? Alguns acham que tal forma de descrição é reducionista. Outro exemplo: como se dá exatamente a interação com o meio? Essencialmente pela linguagem? Pelas ações? A interação criança-criança é da mesma qualidade que a interação criança-adulto? Qual a mais rica? Qual o lugar da socialização na interação? E assim por diante.

Meu objetivo é apresentar os principais conceitos que balizam o construtivismo piagetiano. Já vimos o de *assimilação,* vejamos agora o de *acomodação*. Piaget assim o define: "Todo esquema de assimilação é obrigado a se acomodar aos elementos que ele assimila, isto é, de *modificar-se em função de suas particularidades*, mas sem perder sua continuidade nem seus poderes anteriores de assimilação" (Piaget, 1975, p.13, grifos nossos). Vemos aqui que, longe de pensar em estruturas de assimilação fixas, Piaget as pensa como dotadas de capacidade de se transformar para dar conta das singularidades do meio. Vamos dar um exemplo que ilustra esse binômio assimilação-acomodação e o situa perante outro conceito central na teoria de Piaget, a *equilibração*.

Dá-se a uma criança de três anos bolas de gude, objeto que ela nunca tinha visto ou manipulado anteriormente. Se estiver interessada nesse novo objeto, que fará ela num primeiro momento? Ora, aplicará os esquemas de ação que já possui: pegará as bolas, com uma mão, com as duas, olhará

---

5. O emprego específico da palavra "assimilação" é próprio da teoria piagetiana; porém, a idéia de interpretação é aceita por várias outras teorias.

para elas, baterá uma contra a outra, jogará no chão etc. Vale dizer que procurará assimilá-las pela organização motora de sua inteligência, organização esta construída durante suas experiências anteriores com outros objetos. Em uma palavra: procurará assimilar o novo objeto com os esquemas "velhos" que já possui. Porém, justamente porque o objeto bola de gude é novo para ela, alguns de seus esquemas motores não se adequarão de chofre às características desse objeto, ou serão insuficientes para desfrutar de várias de suas qualidades: as bolas são pequenas e pedem uma apreensão mais fina, fazem um barulho particular quando se chocam, rolam para longe quando caem no chão etc. Ora, o que fará a criança para dar conta destas características particulares do objeto, características estas que não se deixam assimilar sem mais nem menos pelos antigos esquemas? Se motivada pela novidade, a criança justamente *acomodará* seus esquemas ao objeto novo, acomodação esta que não será imediata, que pedirá exercício, mas que acabará por acontecer, enriquecendo a capacidade de assimilação. Quando a criança já tiver, em decorrência do processo de acomodação, assimilado satisfatoriamente o novo objeto (sempre nos limitando ao nível motor), falar-se-á que ocorreu um *equilíbrio* entre assimilação e acomodação. Havia *desequilíbrio* (conflito) quando o objeto ainda não se deixava assimilar pelos antigos esquemas. Como os estados de equilíbrio são sempre instáveis (novos objetos sempre aparecem, pedindo modificações constantes na capacidade de assimilação), Piaget fala no processo de *equilibração*, justamente para sublinhar o caráter dinâmico da relação entre assimilação e acomodação.

Vê-se claramente a importância do processo de equilibração entre assimilação e acomodação na evolução da inteligência e dos conhecimentos. Escreve Piaget: "É claro que numa perspectiva de equilibração, uma das fontes de progressos no desenvolvimento deve ser procurada nos desequilíbrios como tais, que obrigam um sujeito a superar seu estado atual e a procurar o que quer que seja em direções novas" (1975, p.17).[6]

Em resumo, é a busca do equilíbrio e, portanto, a superação de "conflitos cognitivos" (nome que se dá a um estado de desequilíbrio) que explica, em parte, a evolução da inteligência e dos conhecimentos. Mas, evidentemente, para que haja conflito, *é necessário que o sujeito perceba que suas formas de assimilação não dão conta do que pretende fazer ou resolver*. Uma criança que, como vimos no item anterior, afirma que todos os objetos que se movem possuem consciência, em geral não está em situação de conflito e decorrente desequilíbrio. Ela está muito contente e sossegada com sua pequena teoria. Somente quando vir que esta não se adapta aos fatos ou é contraditória com outras nas quais também acredita

---

6. É importante notar que Piaget aqui fala em "uma das fontes", o que significa que não pretende reduzir todos os fatores de evolução da inteligência e dos conhecimentos a um só fator. Porém, sem levar em conta tal fator, o processo de evolução tornar-se-ia incompreensível.

é que superará seu realismo. Naturalmente, cabe freqüentemente à educação promover tais conflitos, fato que analisaremos um pouco mais adiante.

Por enquanto, devemos prosseguir na apresentação dos conceitos que sustentam o construtivismo piagetiano. Já vimos os de assimilação, acomodação e equilibração que descrevem o processo de evolução da inteligência. Devemos agora ver rapidamente o de *regulação* que visa dar conta do *como* tal equilibração se dá, portanto, que explica o processo da evolução.

O conceito de regulação, empregado em diversas ciências (economia, sociologia, biologia, cibernética etc.), é assim definido por Piaget: "Fala-se de regulação, de forma geral, quando a retomada de uma ação A é modificada pelos resultados desta, portanto quando há uma influência dos resultados de A sobre seu novo desenrolar A'. A regulação pode se manifestar por uma correção de A (*feedback* negativo), ou pelo seu reforço (*feedback* positivo), mas nesse caso, com a possibilidade de um acréscimo do erro" (Piaget, 1975, p.24).

Um exemplo simples: um jogador de basquete arremessa uma bola à cesta (ação A) e, em função do resultado modifica ou mantém sua maneira de arremessar — se errar, modifica sua ação A em A'; se acertar, A' será igual a A. Ora, para Piaget, o conceito de regulação deve ser aplicado para explicar a atividade da inteligência. Como nos interessa essa atividade quando favorece uma evolução da inteligência, vamos nos ater aos *feedbacks* negativos, ou seja, aqueles que mostram ao sujeito que suas ações estão, de alguma forma, inadequadas para seus propósitos. A essa situação de conflito, Piaget chamou de *perturbação: aquilo que faz obstáculo à assimilação*. Toda regulação nasce de uma perturbação, embora a recíproca não seja verdadeira (voltaremos a este ponto quando tratarmos da motivação, no último item deste texto). Há duas grandes categorias de perturbação.

Escreve Piaget: "A primeira compreende as perturbações que se opõem às acomodações: resistências do objeto, obstáculo às assimilações recíprocas de esquemas ou subesquemas. Em uma palavra, são as causas dos fracassos ou erro — admitindo que o sujeito esteja consciente do fato —, e as regulações correspondentes comportam *feedbacks* negativos" (1975, p.24).

Como exemplo de "resistência" dos objetos à assimilação do sujeito podemos pensar no fracasso de uma ação (como no exemplo do arremesso de basquete), ou na contradição existente entre uma teoria e os fatos (os fatos desmentem as previsões). Para ilustrar uma perturbação na assimilação recíproca de esquemas, podemos lembrar a tomada de consciência de uma contradição entre certas idéias e outras: por exemplo, quando um sujeito apercebe-se de que, ao condenar o aborto e aprovar a pena de morte, ele está dando pesos diferentes a um mesmo valor ético, a vida.[7]

---

7. É o que expressa o verso de Caetano Veloso e Gilberto Gil na canção *Haiti*: "ver tanto espírito no feto e nenhum no marginal".

A segunda grande categoria de perturbações diz respeito às lacunas que *"deixam insatisfeitas as necessidades e se traduzem pela insuficiente alimentação de um esquema"* (Piaget, 1975, p.24). Portanto, no caso das lacunas, não se trata de um conflito entre o que o sujeito faz ou pensa e os objetos, tampouco de contradição entre algumas de suas concepções, mas sim a *falta de alguma coisa*.[8]

Em resumo, para Piaget, a evolução da inteligência e, por conseguinte, dos conhecimentos tem como essencial fonte as regulações advindas de situações perturbadoras. Fica evidente nessa tese a importância do erro na aprendizagem e no desenvolvimento.

No item anterior, vimos que o erro podia tanto servir de precioso diagnóstico quanto de prova do caráter ativo e criativo da inteligência infantil. Pelo que acabamos de ver, o erro ganha mais uma importante função: poder ser a base para o próprio desenvolvimento da inteligência. Por isso, Piaget escreveu em algum lugar que um erro pode ser mais profícuo do que um êxito precoce. A razão de tal afirmação é simples de ser entendida: um aluno pode, meio por sorte, acertar rapidamente a resolução de um problema. Se acertar, sua tendência será, sem maiores reflexões, repetir suas ações num momento posterior, ao passo que, se errar, sua tendência será a de refletir mais sobre o problema e sobre as ações que empregou para resolvê-lo. Vale dizer que o erro pode levar o sujeito a modificar seus esquemas, enriquecendo-os. Em uma palavra, o erro pode ser fonte de tomada de consciência. O construtivismo piagetiano, com seus conceitos de assimilação, equilibração e regulação, somente pode nos levar a essa conclusão. Daí o redimensionamento pedagógico do lugar do erro nos processos de aprendizagem e desenvolvimento: de vilão absoluto, pode tornar-se valioso aliado da pedagogia. Porém, tal afirmação somente terá valor se forem levadas em conta algumas ponderações.

A primeira: o erro somente terá valor como fonte de enriquecimento se ele for *observável pelo aluno*. Mas o que significa essa qualidade chamada "observável"? Não é somente o aluno ficar sabendo que errou! Ele deve ter acesso à *qualidade de seu erro*. Vamos analisar essa questão com um pequeno exemplo de tabuada.

Imaginemos que se pergunte a um aluno o resultado da multiplicação 9 vezes 9, e que ele responda 90. O que fazer com esse erro? Nada muito mais além de dizer ao aluno que ele errou... Pode-se pedir-lhe para

---

8. Para completar o quadro teórico, falta ainda apresentar o conceito de *compensação*. A idéia é relativamente simples: muitas regulações chegam a efetuar compensações. Voltando ao exemplo do arremesso no basquete, se a bola tiver sido jogada muito à esquerda (fato que o arremessador observa, e que, portanto, cumpre o papel de *feedback* negativo), a regulação da ação traduzir-se-á por um arremesso mais à direita, portanto por uma compensação. Ora, para Piaget, a reversibilidade, característica própria da inteligência operatória, é justamente uma forma de compensação, e é preparada pelas compensações de nível inferior, por exemplo, aquelas observadas no período sensório-motor.

que tente outro resultado. Porém, que elementos terá o aluno para escolher um outro número? A "leitura" de seu erro somente lhe ensinará que o número 90 não deve ser repetido. A regulação (em virtude do *feedback* negativo) será, portanto, extremamente pobre.

Imaginemos agora outra situação, sempre relacionada à tabuada. Em vez de perguntar qual o resultado de 9 vezes 9, faz-se outra pergunta: "para chegar a 81, por quanto eu devo multiplicar o número 9?". Se o aluno responder "10", responde-se: "o resultado de sua multiplicação é 90". Assim, não somente o aluno fica sabendo, como na situação anterior, que cometeu um erro, *como também tem informação sobre a qualidade de seu erro: seu resultado é maior que o resultado esperado*. Portanto, há duas informações: o fracasso em si de se chegar ao resultado e a distância entre o resultado esperado (81) e aquele atingido (90). Agora sim, uma genuína regulação poderá ocorrer: o aluno poderá raciocinar e tomar consciência de que optou por um número demasiadamente grande (já que o resultado deu "mais" que 81), e escolher um número menor (que 10). Eis um exemplo de regulação por compensação.

Esse pequeno exemplo é bem simples. Mas ele nos permite explicitar o que se deve entender por tornar um erro observável. Repetimos: não é suficiente saber que errou, é preciso também ter elementos para avaliar a qualidade do erro. Ora, se o trabalho pedagógico for organizado de tal forma que o aluno apenas fique sabendo, pelo testemunho do professor, que errou, o erro perderá todo valor. Acontece freqüentemente no ensino dito tradicional, que condena o aluno a sempre confrontar seus saberes àqueles do professor, sem nunca poder, por si só, avaliar a qualidade de suas respostas. Daí, justamente, as propostas de "pedagogia ativa" para que os alunos realizem vários experimentos, em vez de se limitarem a ouvir edificantes discursos magistrais. Ao realizarem experimentos variados, os alunos podem, justamente, testar as hipóteses que têm, submetê-las aos fatos e, então, verificarem, por si só, se são boas ou erradas. Evidentemente, tornar o erro um observável nem sempre é fácil e pede muita criatividade pedagógica por parte dos professores. Porém, se a teoria piagetiana for boa, valerá a pena![9]

Uma segunda ponderação pedagógica impõe-se: o fato de um erro tornar-se observável não depende apenas da organização da tarefa, mas também do nível de desenvolvimento do sujeito. Retomando o exemplo da tabuada, o fato de 90 ser maior do que o resultado esperado (81) somente ocasionará uma regulação em sujeitos que tenham compreendido a lógica da multiplicação. Se o aluno não tiver noção alguma, o fato de 90

---

9. Para maior aprofundamento nessa questão, remeto o leitor a meu livro *Ensaio sobre o lugar do computador na educação* (Iglu, 1991). Como o computador é uma máquina que "responde" a seu usuário, a qualidade dessa resposta é de fundamental importância em seu emprego na escola. Na segunda parte do livro discuto justamente como fazer para que os programas façam com que esses erros possam ser observáveis, no sentido aqui defendido.

ser maior do que 81 não terá, para ele, significado algum, e o efeito de suas observações será nulo. Vários experimentos foram feitos no sentido de verificar em que condições a observação de um erro provoca uma regulação. Todos levaram à mesma conclusão, que Piaget assim analisa: "(o efeito nulo) se produz quando a criança é muito jovem (para o problema proposto), não havendo ainda, para ela, relação entre as zonas de assimilação relativas ao fator introduzido (a possibilidade de observação do erro) e a reação esperada; num nível de desenvolvimento mais avançado, a relação se efetua" (Piaget, 1974, p.9). Podemos aqui empregar o conceito vygotskiano de *zona proximal de desenvolvimento*: erro será profícuo dentro dessa zona, nunca fora dela.[10]

Uma terceira ponderação de ordem pedagógica refere-se à relação entre erro e regulação. Vimos que uma regulação pode ocorrer quando de uma perturbação. Porém, a situação de erro é apenas *uma* situação perturbadora. A outra é perturbação decorrente de uma lacuna. Portanto, não se trata de apenas colocar os alunos em situações em que seus conhecimentos e hipóteses se revelam contraditórios com os fatos (situação de erro), mas também onde se revelam insuficientes, lacunares. O "não saber" é tão promovedor de desenvolvimento quanto o "saber errado" ou "acreditar que se sabe". Em resumo, não se trata de, incessantemente, criar situações em que os alunos são levados a esgrimir com seus erros.

Isso nos leva a outra ponderação. Vimos que o erro é rica fonte de aprendizagem e desenvolvimento. Mas, como vimos, Piaget escreveu que é *uma* fonte, portanto, não a única. Não faz sentido, desa maneira, organizar toda a pedagogia em torno de uma "pedagogia do erro", embora sua importância seja insofismável.

Finalmente, embora seja óbvio, é preciso lembrar que o erro somente tem valor no *processo* de aprendizagem e desenvolvimento. O objetivo é, naturalmente, o acerto. Portanto, devemos encorajar as várias e inteligentes tentativas dos alunos em acharem as respostas certas, as teorias corretas, os procedimentos eficazes; devemos dar valor a seus erros (aqueles realmente advindos de um processo legítimo de reflexão) mas não deixar de dizer: "o que você fez é muito interessante, mas ainda não é correto". Do contrário, iludimos os alunos, ou passamos a idéia relativista de que todas as idéias têm o mesmo valor.

Conhecimento e socialização

Os conceitos que vimos até agora (assimilação, acomodação, equilibração e regulação) servem, na teoria piagetiana, para descrever e explicar o trabalho da inteligência nas suas interações com o meio em que

---

10. Para outras reflexões sobre a perceptibilidade do erro, ver o capítulo 8 do livro de Lino de Macedo, *Ensaios construtivistas* (Casa do Psicólogo, 1994).

vive o sujeito. Foram apresentados exemplos como a diferenciação "meios e fins", as concepções realistas e animistas, as dificuldades de leitura dos observáveis (como no caso do andar de gatinhas), a regulação na resolução de um problema de multiplicação. Assim sendo, o leitor poderá estranhar o fato de sempre apresentarmos a criança de certa forma isolada, tendo de resolver problemas sem a participação de outrem, seja colega ou adulto. E poderá algum leitor sair reforçado na sua sentença: realmente, esses piagetianos não levam em conta a interação social...

É, portanto, chegado o momento de nos debruçarmos sobre ela, começando por resumir as principais teses de Piaget a respeito, que enumeramos a seguir.

• O ser humano é um ser essencialmente social, que, portanto, somente pode ser estudado se forem levadas em conta suas interações com outras pessoas. Todavia, assim como afirmado para suas interações com os objetos do mundo, a inteligência não é pura e simplesmente moldada pelas pressões do meio, portanto também não é moldada, feito cera, pelas pressões da cultura. Estas, evidentemente, exercem forte influência, porém limitadas pelas capacidades de assimilação do sujeito.

• Afirmar que o homem é um ser social é correto, porém vago. Um sujeito não é social da mesma forma aos doze meses de vida, cinco anos, dez anos, e assim por diante. Para estabelecer diferenças entre as diversas fases do "ser social", Piaget emprega o critério da *qualidade da interação entre sujeitos*, qualidade esta medida em termos das trocas que estabelecem entre si. Com doze meses, por exemplo, a interação bebê-outrem está limitada, quanto ao bebê, a vagas imitações, sem trocas de idéias. Tais trocas já acontecem aos cinco anos — graças à linguagem —, porém ainda limitadas pelo egocentrismo: a criança dessa idade ainda confunde seu próprio ponto de vista e o de outrem, o que implica uma série de "ruídos" na sua comunicação com as outras pessoas. Com dez anos, já tendo construído as operações, sua comunicação poderá ser objetiva, respeitando uma "métrica" (mesmas definições de palavras para ambos os interlocutores), conservando os argumentos (não se contradizendo, portanto não afirmando A num determinado momento e passando a afirmar não-A num momento posterior) e levando em conta o ponto de vista de seu interlocutor (reciprocidade).

• Esses diversos níveis de qualidade na interação social são determinados pelas progressivas construções de estruturas mentais, construções estas efetuadas nas interações com o meio físico e social. Não se trata, por conseguinte, de reduzir as diversas capacidades de assimilação apenas à interação social: as experiências com os objetos do mundo físico também são de fundamental importância.

• Quanto às interações sociais propriamente ditas, elas são classificadas em dois tipos opostos: a coação e a cooperação. Em linhas gerais, a relação de coação define-se pelo fato de ser unilateral: um pólo da relação (que detém, em razão de uma hierarquia social, a autoridade) impõe ao outro seu pensamento ou suas ordens, exige repetição ou obediência, afirma ou manda sem maiores explicações sobre as razões de ser das verdades ou ordens impostas. Uma relação de cooperação baseia-se na reciprocidade, em que a imposição é substituída pela explicação, a obediência é determinada pela concordância (por parte de quem vai obedecer), a afirmação sumária das verdades é trocada por sua demonstração. As relações sociais baseadas na coação reforçam o egocentrismo e níveis pré-operatórios de compreensão do meio; aquelas baseadas na cooperação favorecem a descentração e exigem, para delas poder participar, a construção do pensamento operatório (único capaz de demonstração das afirmações). Piaget gostava da comparação entre reflexão e "discussão interior": quando refletimos (com nossos botões) sobre algum tema, é como se estivéssemos realizando uma discussão hipotética com um pessoa ausente, vale dizer, realizando um "debate" com nós próprios. E, naturalmente, essa capacidade de "discussão interior" depende da experiência e prática da discussão com outrem, característica das relações de cooperação.

• Durante sua vida, a criança começa por experienciar relações de coação e, paulatinamente, passa a viver relações de cooperação, relações estas que, por conseguinte, são de fundamental importância para explicar seu desenvolvimento cognitivo. Nesse ponto, Piaget insiste na importância das relações crianças-crianças que, por não serem determinadas por nenhuma hierarquia prefixada (como acontece nas relações crianças-adultos), favorecem a cooperação.

As decorrências pedagógicas dessa teoria da socialização da inteligência são óbvias. Em primeiro lugar: favorecer relações de cooperação. Se forem apenas mantidas as relações de coação, cria-se grande obstáculo ao desenvolvimento da inteligência. Em segundo, como as relações adulto-criança sempre estão determinadas por uma hierarquia (o adulto é visto e se vê como superior), deve-se favorecer o trabalho em grupo entre os próprios alunos. Piaget sempre considerou tal favorecimento como central nas decorrências pedagógicas advindas de sua teoria.

Devemos agora voltar ao tema do erro e pensá-lo na interação social. O que acontece numa relação de coação? O erro é apontado por quem sabe que ele aconteceu, é dada resposta certa (para que seja repetida) ou é dada nova chance. Evidentemente, trata-se de uma situação perturbadora: sabe-se que um erro foi cometido, que o sucesso não foi alcançado. Porém, a regulação advinda deste tipo de perturbação é pobre porque, justamente, é pobre ou até nula a leitura da qualidade do erro (como definido no item anterior). Numa relação de cooperação, o erro não somente é apontado como são explicitadas as suas causas. A regulação então, que pode se basear nos argumentos alheios (que não serão necessariamente aceitos, aliás), é rica, pois a qualidade do erro pode ser percebida. Vê-se que numa relação de cooperação quem "sabe" não precisa fazer de conta que não sabe, mas deve submeter à apreciação de outrem as demonstrações requeridas para a aceitação da resposta certa, que será, então, referendada de forma autônoma, e não em decorrência do poder ou prestígio de quem a detém.

Isso posto, como o fizemos nos itens anteriores, vamos às ponderações necessárias à avaliação do valor do erro nos processos de desenvolvimento e aprendizagem.

A primeira refere-se à inevitável assimetria que caracteriza a relação adulto-criança. Não é fácil um professor ser realmente cooperativo pelo simples motivo de que é visto pela criança como de alguma forma superior. Para ser cooperativo, não basta que um queira; o outro deve também "jogar o jogo". Daí a importância de promover atividades onde os alunos possam discutir entre si. Como cada aluno não verá o outro, *a priori*, como detentor da verdade, vai submetê-lo a severo interrogatório até se render a argumentos realmente convincentes. Porém, é preciso admitir (e todo professor já passou pela experiência) que, não raramente, as discussões em grupo causam decepção: os alunos "encostam" num colega que acaba por fazer todo o trabalho. Aqui tocamos no complexo tema da motivação humana: para que haja cooperação, discussão, é preciso que os alunos *queiram ser* cooperativos e discutir. Falaremos desse problema no próximo item.

A segunda ponderação diz respeito a três formas gerais de um professor promover, no seu diálogo com o aluno, uma situação de cooperação. Uma é a antiga maiêutica: não se diz claramente que houve erro, mas colocam-se argumentos que permitem ao aluno tomar consciência de possíveis problemas na sua argumentação. Outra é claramente apontar o erro e demonstrar sua razão de ser. Outra ainda, que se situa entre as duas primeiras, é apontar a ocorrência de erro, mas, em vez de apresentar uma demonstração, colocar para o aluno argumentos que o façam tomar consciência dos problemas de seu raciocínio. Qual escolher? Não acredito que a teoria piagetiana possa nos encaminhar unicamente numa direção e desaconselhar as outras. O tema, o momento, o bom senso devem presidir a opção. Penso que, às vezes, é muito útil ao aluno ouvir uma demonstração bem-feita — serve-lhe de modelo, não tanto para ser memorizada, mas sobretudo para que veja a beleza de uma boa demonstração e seja estimulado a poder ser capaz do mesmo feito. Porém, o abuso dessa forma de trabalhar com o erro pode nos fazer voltar ao verbalismo. Enfim, penso que é preciso alternar. E, sobretudo, é preciso lembrar que as relações de cooperação não pressupõem o que eu chamaria de "sonegação de informação", ou seja, não implica a receita pedagógica que reza que *nunca* se deve dar a resposta certa e sempre deixar o aluno encontrá-la por si só. E isso por duas razões, pelo menos. Como eu disse, uma bela demonstração é prova de intenso respeito pela inteligência do interlocutor (apenas a ausência de demonstração ou uma demonstração malfeita é prova de desrespeito). E como vimos também, as situações perturbadoras podem ser de duas espécies: conflito entre o que se pensa e a realidade, e a lacuna. Ora, em caso de lacuna, o que se quer é obter mais informações que permitam pensar. O professor é a principal fonte dessas informações (além de materiais variados, como enciclopédias, livros didáticos etc.).

Isso nos leva à última ponderação, que coloco sob forma de pergunta: as aulas expositivas devem ser banidas em favor da exploração dos erros? A resposta é certamente negativa. Como uma análise aprofundada das virtudes e vicissitudes dessa clássica modalidade de ensino nos tomaria demasiado tempo, serei extremamente sucinto. Aulas expositivas (bem dadas!) são necessárias porque trazem conhecimentos de forma organizada, porque não há tempo para que os alunos "descubram" tudo, porque podem ser bonitas (quem já não se deliciou ouvindo um bom e honesto orador?[11]), porque os alunos devem aprender a ouvir atentamente alguém falando (mais tarde, deverão assistir a vários tipos de conferências, o que pede uma forma particular de disciplina: a de ouvir atentamente, sem dispersão).

Conhecimento e motivação

Para abordarmos nossa última questão, comecemos por refletir sobre essa citação de Piaget: "Toda conduta, seja ela exterior (ação realizada sobre o meio), seja ela interna (pensamento), apresenta-se sempre como uma adaptação, ou melhor, uma readaptação. O indivíduo somente age se ele *sentir a necessidade de fazê-lo*, isto é, se *o equilíbrio for momentaneamente rompido entre o meio e o organismo*, e a ação tende a restabelecer o equilíbrio, a readaptar o organismo" (Piaget, 1967, p.10, grifos nossos).

A citação é clara: somente há atividade se há motivação; e tal motivação provém de um estado de desequilíbrio, portanto de desadaptação do sujeito em relação a seu meio ou em relação a si mesmo. Estamos em pleno campo da afetividade, pois é ela que "move" os indivíduos. Ora, sem levar em conta o aspecto motivacional, tudo que foi dito até aqui perde muito de seu valor. De fato, por que um aluno procuraria necessariamente superar seus erros? Por que até tomaria consciência deles? Para explicitar o tema, vamos pensar em algumas situações possíveis.

Situação 1: o sujeito está motivado a resolver um determinado problema, comete erros que é capaz de "ler", e procura ativamente, por regulação, superá-los. Eis a situação ideal para a aprendizagem e o desenvolvimento.

Situação 2: o sujeito percebe claramente que não consegue resolver determinado problema, seja porque tem idéias erradas, seja porque há

---

11. Digo honesto para demarcá-lo dos "sedutores", que encantam platéias com palavras bonitas mas ocas, com idéias atraentes mas fracas, com muitas metáforas mas poucas explicações, pessoas, portanto, de quem é difícil discordar porque não se sabe ao certo o que disseram.

lacunas no seu conhecimento. Porém, ele não tem o mínimo interesse em prosseguir nas suas tentativas de resolução do problema. Seus interesses são outros e ele abandona a tarefa. Não houve desequilíbrio. Acontece freqüentemente, e é até saudável que cada pessoa estabeleça hierarquias, prioridades nos seus interesses. Até Piaget (1975, p.25) se remete ao fato escrevendo, a respeito das lacunas, que "convém salientar, e isto é essencial, que não é qualquer lacuna que se traduz por uma perturbação: mesmo um cientista não está motivado pelo campo considerável de sua ignorância, se tais campos não lhe dizem respeito".

Situação 3: o sujeito começa a perceber erros que comete, mas, de pronto, os nega, isto é, convence-se de que não existem ou são desprezíveis. Houve um desequilíbrio momentâneo, mas rapidamente "esquecido". Esse mecanismo de negação é bem conhecido dos psicanalistas, e foi também notado por Piaget nas suas experiências com crianças. Vê-se que, aqui, o erro (ou a lacuna) deixa de ser uma perturbação (e, portanto, deixa de ser desencadeador de regulação) porque o sujeito — que, por algum motivo afetivo, não suporta a idéia de que está errando — permanece pensando que está acertando, que suas idéias, teorias ou procedimentos estão corretos. Isso acontece mais freqüentemente do que se pensa. Inúmeras razões de ordem afetiva podem ser dadas. Um belo exemplo é o do preconceito: provas se acumulam "na frente" do preconceituoso de que determinado grupo social tem valor, mas ele as deforma, as nega (muitas vezes para manter a própria auto-estima, quando esta é baseada na inferiorização dos outros grupos sociais).

Situação 4: o sujeito nem começa a perceber o erro, de tão convicto que está do valor de suas idéias. Trata-se do que Freud chamava de ilusão: uma idéia que deriva dos desejos do sujeito.[12] Nesse caso, também não há desequilíbrio e, portanto, não há a necessidade para o sujeito de uma readaptação.

Poderíamos certamente imaginar outras situações ainda. Mas, com essas, já se vê que não se pode interpretar mecanicamente a teoria de Piaget. Situações nas quais os alunos poderão ler seus erros não somente estarão na dependência de seus respectivos níveis cognitivos, mas também de sua motivação.

Faltaria, portanto, para complementar a reflexão sobre o lugar do erro na aprendizagem e desenvolvimento, fazer toda uma análise da dimensão afetiva do homem, coisa que Piaget não fez. Portanto, deixo a outros textos deste livro a tarefa de nos dar algumas luzes a respeito desse complexo problema.

Vou limitar-me aqui a apenas duas afirmações.

---

12. Freud acrescentava que uma ilusão pode até ser correta (não ser um erro); mas, mesmo assim, deriva não de uma demonstração racional, mas sim de uma afirmação motivada pelos desejos. Aconselho a ler esse bonito texto de Freud, intitulado *O porvir de uma ilusão*.

A primeira: a motivação de uma pessoa pode ser nefasta para ela mesma. Podemos cometer erros nas nossas motivações. Nossos desejos não são sempre sábios. Pensando em crianças, eleger seus desejos e motivações sempre como sagrados é simplesmente abrir mão da tarefa educativa, tarefa esta que não se limita a fazer com que elas acumulem conhecimentos, mas também que cultivem sua própria afetividade e a redirecionem, se preciso for, ampliando seus campos de investimentos.

A segunda: não se deve limitar o aspecto motivacional à dimensão do puro prazer. Um aluno poderá sentir-se motivado para aprender determinadas matérias, não porque nutra um especial interesse por elas ou que ache as aulas "legais", mas sim porque vê nelas algum valor em virtude de um projeto maior de vida. Por exemplo, aprender primeiros socorros pode ser "chato" se pensarmos na matéria em si, mas muitos poderão estar extremamente motivados a aprender os diversos procedimentos de ajuda, porque inspirados pelo valor moral chamado solidariedade. Portanto, motivação não se restringe a um certo prazer lúdico associado à aprendizagem em si. Pode e deve ser mais amplo.

Bibliografia

PIAGET, J. (1975) *L'équilibration des structures cognitives*: problème central du développement. Paris: PUF.

——— (1974) Préface. In: INHELDER, B.; SINCLAIR, H.; BOVET, M. *Apprentissage et structures de la connaisssance*. Paris: PUF.

——— (1972) *La représentation du monde chez l'enfant*. Paris: PUF (primeira edição em 1926).

——— (1967) *La psychologie de l'intelligence*. Paris: Armand Colin.

Sobre diferenças individuais e diferenças culturais:
o lugar da abordagem histórico-cultural

Marta Kohl de Oliveira*

Duas metas de difícil compatibilização, a compreensão da diversidade e a busca daquilo que é universal no ser humano, têm gerado um campo de permanente tensão na produção do conhecimento em psicologia. A postulação de fenômenos ou mecanismos psicológicos universais corresponde à necessidade de generalização, tão central na definição da natureza da construção do conhecimento científico. A idéia da diferença, por outro lado, ocupa lugar privilegiado nessa disciplina, pelo próprio delineamento de seu objeto: dada a inegável variabilidade dos sujeitos humanos, observável por meio dos instrumentos da ciência (e também pelos recursos do senso comum), a elaboração ou utilização de qualquer construto referente a fenômenos psicológicos implica a constatação de diferenças. Além disso, diferenças psicológicas, quando correlacionadas a outros fatores, tais como sexo, idade, nível socioeconômico, escolaridade, geram a postulação de diferenças entre grupos e não apenas entre indivíduos. Por exemplo, características de temperamento sistematicamente associadas a indivíduos do sexo masculino ou feminino são postuladas como diferenças entre grupos de homens e de mulheres; modalidades de desempenho cognitivo exibidas por membros de grupos sociais empobrecidos são atribuídas a baixo nível socioeconômico etc.

A escola é uma instituição social na qual o funcionamento cognitivo dos sujeitos é parte essencial da atividade principal da própria instituição. A escola supõe, promove, desenvolve, avalia, julga, o desempenho intelectual dos alunos. Emergem aí, claramente, diferenças entre indivíduos e entre grupos: além das diferenças individuais, presentes em qualquer situação social, há as diferenças culturais, particularmente relevantes numa

---

* Pedagoga pela USP, mestre e doutora em Psicologia Educacional pela Universidade de Stanford (EUA). É professora da Faculdade de Educação da USP e autora de *Vygotsky: aprendizado e desenvolvimento, um processo sócio-histórico* (Scipione, 1993), e co-autora de *Piaget, Vygotsky e Wallon: teorias psicogenéticas em discussão* (Summus, 1992) e *Piaget-Vygotsky: novas contribuições para o debate* (Ática, 1995).

sociedade complexa e plural, onde a distância entre as classes sociais é tão marcante e onde há enorme diversidade de grupos culturais. As várias combinações de classes sociais, grupos ocupacionais, religiões, modos de acesso a produtos culturais, valores e objetivos educacionais das famílias etc., podem produzir diversas formas de relacionamento entre a cultura da escola e a cultura de seus usuários. A escola representa uma modalidade específica de relação entre sujeito e objeto de conhecimento, resultante de um determinado processo histórico de construção dessa instituição, que pode ser mais ou menos compartilhada pelos alunos e seus familiares. A falta de compatibilidade entre o que é pretendido pela escola e o que é desejável, ou possível, para seus alunos, acirrada pelo processo de democratização do acesso de diferentes grupos à escola, é fonte indiscutível de fracasso escolar, como já tem sido amplamente discutido nos meios educacionais.

A problemática do erro e do fracasso na escola relaciona-se, evidentemente, ao desempenho intelectual dos alunos e ao confronto entre o desempenho esperado, ou desejável, e aquele demonstrado por diversos indivíduos e grupos. No contexto da discussão sobre a questão do erro e do fracasso, o presente artigo abordará diversas concepções, em psicologia, sobre diferenças individuais e diferenças culturais (e sobre a possibilidade de universais no funcionamento psicológico), especialmente no que diz respeito ao processo de construção de conhecimento e suas implicações para a educação. Postula-se aqui uma transformação dessas concepções ao longo da história das idéias em psicologia e uma organização delas em três grandes linhas de pensamento: aquela que afirma a existência da diferença, aquela que busca negar a relevância da diferença, e uma terceira, que recupera a idéia da diferença em outro plano. Esta terceira linha de pensamento está claramente associada à abordagem histórico-cultural em psicologia e é, conforme será analisado ao longo do artigo, aquela que mais valoriza o papel da intervenção pedagógica no desenvolvimento psicológico.

Postulação dos indivíduos e grupos humanos como diferentes entre si

Lee J. Cronbach, um dos principais estudiosos das diferenças individuais e dos testes e medidas de capacidades humanas, relata que, em 1796, um assistente de astrônomo do observatório de Greenwich, tendo como tarefa registrar o momento preciso em que certas estrelas cruzavam o campo do telescópio, apresentou registros feitos sistematicamente oito décimos de segundo depois dos registros feitos pelo astrônomo principal. Foi considerado incompetente e, conseqüentemente, foi despedido. Anos depois descobriu-se que diferentes indivíduos, mesmo quando são observadores reconhecidamente competentes, respondem a estímulos em velocidades diferentes. Essas variações individuais, diz Cronbach (1970), foram paulatinamente reconhecidas como fatos significativos a respeito do sistema humano de processamento de informação e não mais consideradas erros de pessoas supostamente incompetentes para determinadas tarefas. Os primeiros experimentos sistemáticos sobre diferenças individuais foram gerados a partir dessa descoberta.

O estudo das diferenças individuais tem ocupado parte considerável da produção em psicologia. Em alguns ramos dessa disciplina, como a psicologia diferencial, a psicologia cognitiva, a psicometria, a diferença entre os indivíduos é postulada como um dado prévio, como o objeto mesmo da investigação psicológica. O conceito de inteligência como capacidade ou aptidão intelectual é bastante proeminente neste tipo de abordagem, e freqüentemente associado à noção matemática de distribuição normal, que refletiria a existência, na população, de indivíduos mais e menos dotados, em proporções previamente conhecidas. O desenvolvimento e utilização de vários tipos de testes para mensuração de capacidades e avaliação do desempenho individual é um resultado concreto desse tipo de abordagem, cujo desenvolvimento está historicamente associado à necessidade de predição do desempenho escolar e profissional.

O mesmo tipo de abordagem pode ser identificado na produção sobre diferenças culturais, a qual tem sua origem na descoberta, no século XVI, de povos diferentes do humano "civilizado" conhecido até então no Ocidente. Conforme explicita Laplantine (1988), a imagem que o ocidental fez dos "selvagens" descobertos no Novo Mundo oscilou entre a idolatria do homem natural, belo, virtuoso, que vivia uma vida coletiva harmônica e integrada na natureza, e o julgamento desses povos como pouco mais que animais, preguiçosos, feios, impulsivos, atrasados. De qualquer forma, o outro, o desconhecido, tendeu a ser olhado a partir do referencial do observador e de sua cultura, e não compreendido de seu próprio ponto de vista.

O discurso etnocêntrico sobre o desconhecido e exótico "selvagem" se reproduz, ao longo da história das ciências humanas em geral e da antropologia em particular, no discurso evolucionista sobre o homem "primitivo", cujo desenvolvimento não teria alcançado, ainda, o nível de civilização de nossas sociedades complexas. Esse discurso penetra a área da psicologia, quando esta se interessa pela investigação das possíveis diferenças nos processos psicológicos de pessoas de diferentes grupos culturais. Particularmente no quê se refere ao funcionamento cognitivo, membros de sociedades ou grupos culturais que não são urbanos, escolarizados, burocratizados e marcados pelo desenvolvimento científico e tecnológico, são compreendidos como menos desenvolvidos que "nós" e classificados como primitivos, pré-lógicos, míticos ou mágicos (e não científicos), sem capacidade para o pensamento abstrato, mais baseados na imaginação e na intuição do que na racionalidade. (Cole & Scribner, 1974, Goody, 1978).

Na postulação das diferenças individuais existe uma clara tendência inatista, isto é, de atribuição das capacidades humanas a algum tipo de dotação ou predisposição já presente no momento do nascimento do indivíduo. Fatores hereditários e maturacionais seriam os principais na definição das características do sujeito e de suas modalidades de funcionamento psicológico. O referido astrônomo de Greenwich teria, portanto, uma peculiaridade em seu mecanismo de processamento de informação que lhe impossibilitaria ser tão rápido quanto o astrônomo principal na resposta a estímulos visuais. Ainda que essa constatação não tivesse como conseqüência sua demissão por incompetência, seu desempenho seria classificável como de alguma forma inferior ao do outro astrônomo. A postulação inatista, juntamente com a constatação de diferenças com base na prática de aferição de capacidades por meio de testes e outros tipos de tarefas padronizadas, tende a levar à classificação comparativa dos indivíduos em mais e menos inteligentes, precisos, lógicos, capazes de pensamento abstrato, racionais etc. O julgamento do desempenho individual como "melhor" ou "pior" em relação a um padrão de desempenho adequado é uma conseqüência desse tipo de abordagem.

Na afirmação de diferenças entre grupos, por outro lado, a origem dessas diferenças não é atribuída a uma fonte endógena, como no caso dos estudos sobre diferenças individuais, mas é igualmente determinista: a pertinência a uma certa cultura definiria os limites e possibilidades de desempenho dos sujeitos. Um membro de um grupo tribal que atribui a causa de fenômenos físicos a fatores não materiais, por exemplo, não teria condições cognitivas de elaborar um raciocínio de tipo científico; um sujeito pouco escolarizado, acostumado a basear sua reflexão na experiência pessoal, não seria capaz de trabalhar com generalizações ou abstrações. O determinismo cultural, juntamente com o uso de formas padronizadas de aferição do desempenho (testes e tarefas cognitivas), também tende a levar a uma comparação entre diferentes culturas e a uma classificação delas em culturas mais e menos desenvolvidas, avançadas, lógicas, racionais etc. Aqui também emerge como conseqüência a avaliação do desempenho com relação a padrões de normalidade e adequação.

Nos dois casos, por razões opostas, a compreensão do funcionamento psicológico resulta em postulações que correlacionam, de forma estática, traços do psiquismo com fatores que os determinariam. Predomina, nessa abordagem, a idéia de algum tipo de dotação prévia, seja ela de origem individual ou de origem cultural. Há pouco espaço, assim, para os processos de construção do psiquismo, para o movimento de constituição do sujeito ao longo de sua própria história singular e para sua autonomia.

O fracasso na escola: educação para compensar deficiências

No quadro da presente interpretação teórica, a questão do erro (na sala de aula) e a questão do fracasso (na escola) podem ser associadas à idéia da diferença: a criança que não se sai bem na escola, exibindo, portanto, diferença entre seu desempenho e aquele considerado adequado para sua idade ou série, estaria demonstrando algum tipo de deficiência — é pouco inteligente, não tem capacidade para aprender, tem déficits de linguagem, sofreu privação cultural. Essas deficiências podem ser hipotetizadas como tendo origem na constituição individual ou na experiência cultural, mas a implicação para a educação é a mesma: compensação ou remediação. Quando se supõe a existência de padrões de desempenho melhores e piores, os desvios da norma adequada são considerados, de certa forma, patológicos, e devem ser corrigidos.

As práticas educativas baseadas na postulação das diferenças foram muito predominantes nas décadas de 1960 e 1970. A educação compensatória, dentro da escola básica, nos programas pré-escolares e em outras agências sociais (especialmente a televisão educativa), pretendia fornecer às crianças com dificuldades na escola oportunidades de desenvolver as capacidades que lhes faltavam, eliminando ou diminuindo as diferenças nocivas diagnosticadas. A questão da educação compensatória tem sido amplamente discutida na literatura (ver, por exemplo, Soares, 1987, Patto, 1984) e não será aqui aprofundada.

É interessante mencionar, entretanto, uma outra possível conseqüência pedagógica dessa abordagem que busca identificar, e de certa forma enfatiza, a importância das diferenças entre indivíduos e entre grupos. Em vez da proposição de modalidades de intervenção educativa para eliminar diferenças indesejáveis, outra conseqüência da constatação de diferenças seria a proposta de formas de educação diferenciadas para os vários indivíduos e grupos. Se as várias modalidades de funcionamento psicológico identificadas não são postuladas como passíveis de transformação pela educação, por serem inatas ou determinadas pela experiência cultural, a solução seria criar subsistemas dentro do sistema educacional, que atendessem às peculiaridades dos diversos sujeitos. É como se a cada um fosse dada a educação possível ou "merecida". Essa é uma postura imobilista e, na verdade, contrária aos próprios objetivos da ação educativa, que tem como pilar básico a crença na transformabilidade do ser humano. Embora gerada em momentos históricos específicos, essa postura pode ser identificada em nuanças da reflexão pedagógica contemporânea e em características do sistema educacional vigente, tais como a divisão entre escola profissionalizante para trabalhadores e escola propedêutica para membros das elites, os cursos especiais para crianças identificadas como superdotadas, e a própria diferença de qualidade embutida nas diferenças entre escolas rurais e urbanas, públicas e privadas, para crianças em idade regular e para jovens e adultos de escolaridade tardia.

Busca de características universais e negação da importância da diferença

Voltemos, uma vez mais, ao astrônomo de Greenwich. Discutimos anteriormente como seu desempenho na tarefa de registrar a passagem de estrelas pelo campo do telescópio foi comparado ao desempenho de outro cientista e identificado como mais lento (e, portanto, pior). O foco nas diferenças individuais é claramente proeminente nesse julgamento sobre o astrônomo e foi utilizado como exemplo de uma determinada abordagem ao problema da diversidade e da universalidade no funcionamento psicológico humano.

Outra abordagem ao mesmo fenômeno é aquela que propõe a investigação dos mecanismos mentais subjacentes ao desempenho de diferentes sujeitos em diferentes tarefas. Não haveria, aqui, ênfase nas diferenças entre os indivíduos mas, ao contrário, busca de compreensão daquilo que é comum aos seres humanos. O astrônomo não seria um objeto de interesse como sujeito particular, mas sim como representante do modo de funcionamento psicológico de todo e qualquer indivíduo, que nos informaria sobre os processos mentais que permitem a percepção do movimento das estrelas. A inteligência, concebida na primeira abordagem como capacidade ou aptidão intelectual, é aqui postulada como modo de funcionamento intelectual, mecanismo funcional do pensamento, cujas invariantes são objeto privilegiado da investigação em psicologia (Piaget, 1966, Flavell, 1963).

A teoria de Piaget é provavelmente aquela que mais claramente ilustra esta segunda abordagem sobre o funcionamento psicológico e, particularmente, sobre a inteligência. "Não há dúvidas de que a teoria de Piaget ilustra uma busca de universalidade" (La Taille, in: La Taille et al., 1992, p.109). O próprio objeto de estudo de Piaget é o sujeito epistêmico, isto é, o sujeito do conhecimento, que estaria presente em cada um de nós. Por trás das diferentes estratégias de produção de conhecimentos, que podem variar de uma cultura para outra e de um sujeito para outro, haveria mecanismos comuns, portanto universais. É na explicação desses mecanismos, afirma La Taille, que se deve procurar compreender a questão da universalidade em Piaget.

A Epistemologia Genética não será, em si, objeto de discussão no presente texto. A referência a esse autor é relevante apenas no sentido de exemplificar a abordagem que não toma as diferenças individuais como objeto e tem como meta descobrir os mecanismos universais do funcionamento psicológico humano. Piaget está basicamente interessado em investigar o desenvolvimento das estruturas intelectuais. A inteligência, para este estudioso, origina-se de um substrato biológico, em cujo cerne encontram-se os atributos invariantes da organização e da adaptação. Essas invariantes funcionais, em ação ao longo da vida do organismo em interação com seu ambiente, propiciam a construção constante das estruturas intelectuais. Esse fenômeno ocorreria da mesma forma para todos os indivíduos e seria o objeto mesmo da psicologia piagetiana.

Outro esforço teórico contemporâneo que se dirige à investigação da universalidade dos processos psicológicos, especificamente dos processos cognitivos, é a ciência cognitiva. Essa área interdisciplinar enfrenta questões sobre a natureza do conhecimento, seus componentes, sua organização, suas fontes e seu desenvolvimento, articulando abordagens de diversas disciplinas, na tentativa de captar a complexidade do fenômeno estudado. O objetivo explícito de construir uma teoria sobre processos comuns a todos os seres humanos é enfatizado na negação da importância de fatores históricos, culturais, contextuais e de ordem afetiva, cuja inclusão no estudo de processos cognitivos "complicaria desnecessariamente" o empreendimento científico (Gardner, 1995).

Essa abordagem, se não nega explicitamente a existência de diferenças entre os indivíduos, de certa forma nega a relevância das diferenças para a compreensão do funcionamento psicológico. Isto é, se o objeto de estudo dessa psicologia é o sujeito universal, as contingências da história individual não são centrais para a investigação em psicologia. É rompida aqui também, conseqüentemente, a classificação comparativa de diferentes indivíduos, bem como o julgamento do desempenho individual em relação a padrões de "bom desempenho" preestabelecidos.

Esse rompimento com as noções de melhor e pior e com a própria importância das diferenças no desempenho emerge também nos estudos sobre o funcionamento psicológico de diferentes grupos culturais. Em contraposição às posturas etnocêntricas e ao evolucionismo presentes na primeira abordagem, que buscava diferenciar grupos "primitivos" de grupos "civilizados", distinguindo processos psicológicos mais e menos adequados, avançados ou sofisticados, as pesquisas na área da chamada psicologia antropológica passaram a enfatizar a necessidade de compreender processos psicológicos básicos, que estariam subjacentes à enorme variedade de modos de vida, crenças, teorias sobre o mundo, artefatos culturais e criações artísticas presentes nos diferentes grupos humanos. Essa contraposição teórica foi, muitas vezes, motivada por uma reação ideológica à idéia de que há seres humanos "melhores" e "piores", ao posicionamento da ciência como a forma mais adequada de produção de conhecimento e à conseqüente situação do próprio cientista como representante do tipo mais avançado de sujeito na sua relação com os objetos de conhecimento.

Michael Cole e Sylvia Scribner (1974), dois dos principais investigadores contemporâneos das relações entre cultura e pensamento, colocam explicitamente a questão que dirige as pesquisas e reflexões dessa segunda abordagem: as indiscutíveis diferenças observadas no funcionamento psicológico dos vários grupos culturais seriam "resultado de diferenças em *processos cognitivos* básicos ou apenas expressões dos muitos produtos que a mente humana universal pode produzir, dadas as grandes variações nas condições de vida e de atividades culturalmente valorizadas?" (p.172). Eles próprios procuram responder à questão, demonstrando que não há evidências de que algum grupo cultural tenha deficiências nos componentes básicos dos processos cognitivos. Isto é, todo ser humano é capaz de abstrair, categorizar, fazer inferências, utilizar formas de representação verbal etc. Esses processos básicos, disponíveis a todos, seriam mobilizados em diferentes combinações, dependendo das demandas situacionais enfrentadas por membros de diferentes culturas.

No Brasil essa abordagem tem sido bastante explorada a partir da década de 1980, e está claramente representada pelo programa de pesquisas desenvolvido no mestrado em psicologia da Universidade Federal de Pernambuco (cf. Carraher et al., 1988). No próprio título deste trabalho já clássico, *Na vida dez, na escola zero*, evidencia-se a abordagem privilegiada: a criança pode não ter um desempenho adequado na escola, o que poderia indicar ausência de determinadas capacidades, mas demonstrar essas mesmas capacidades em situações da vida cotidiana. As formas habituais de avaliação de competência, utilizadas nos testes psicológicos e na própria situação escolar seriam inadequadas para evidenciar a existência dos processos cognitivos básicos, presentes em todos os seres humanos.

Como analisa Tulviste (1991), essa maneira de enfrentar a questão acaba por considerar todas as culturas e todos os modos de funcionamento psicológico como sendo aparentemente diferentes mas, na verdade, iguais ou equivalentes. Todos somos inteligentes, todos pensamos de forma adequada, já que os mecanismos do psiquismo são universais. Paradoxalmente, o contexto, a cultura, a história, que parecem ser tão proeminentes nessa abordagem que busca romper com o etnocentrismo, seriam componentes quase que acessórios, que apenas permitem, favorecem, promovem a emergência daquilo que está posto como possibilidade psicológica de todos os seres humanos. Permanece, aqui, o problema da origem de tais mecanismos universais. Por um lado, a fonte endógena, postulada por Piaget, não é endossada por todos aqueles que buscam as relações entre cultura e funcionamento psicológico. Por outro lado, a cultura como fonte não explicaria o universal, mas apenas o contingente.

O fracasso da escola: adequação às necessidades do aluno

As implicações dessa segunda abordagem para a educação são totalmente diversas daquelas da primeira abordagem. Como afirmam Carraher e seus colaboradores (1988, p.42), "dentro desse contexto, o fracasso escolar aparece como um fracasso da escola, fracasso este localizado: a) na incapacidade de aferir a real capacidade da criança; b) no desconhecimento dos processos naturais que levam a criança a adquirir o conhecimento; c) na incapacidade de estabelecer uma ponte entre o conhecimento formal que se deseja transmitir e o conhecimento prático do qual a criança, pelo menos em parte, já dispõe". Isto é, quando a criança fracassa na escola, na verdade evidencia-se uma incompatibilidade entre a proposta da escola e as características da criança, as quais se devem ao seu estágio de desenvolvimento individual ou a peculiaridades de sua cultura de origem. Caberia aos educadores, e à escola como instituição, construir estratégias de ensino que contemplassem as diferenças individuais e grupais, no sentido de permitir o desenvolvimento e a expressão das várias potencialidades humanas universais corporificadas nas diferentes modalidades de funcionamento psicológico, as quais são possibilitadas pelas diferentes culturas e pelo percurso de desenvolvimento individual.

A postulação de uma universalidade subjacente à diversidade entre indivíduos e grupos fundamenta a noção de que não é possível julgar e comparar diferentes modalidades de funcionamento psicológico: todo conhecimento é igualmente valioso, toda visão de mundo é legítima, todo conteúdo é importante. A idéia do respeito à realidade do aluno é, portanto, bastante proeminente nessa abordagem. Levada ao extremo, tal abordagem poderia conduzir a um relativismo radical e a uma postura espontaneísta, que não admitiria nenhuma intervenção que alterasse o modo de funcionamento próprio de diferentes indivíduos ou grupos, já que o percurso adequado de desenvolvimento está pressuposto na própria idéia de desenvolvimento proposta por essa abordagem.

É interessante observar que do mesmo modo que a primeira abordagem pode gerar uma postura imobilista, baseada na constatação de diferenças não superáveis pela educação, essa segunda abordagem, por razões diversas, também pode gerar imobilismo. A aceitação de qualquer modalidade de funcionamento psicológico como igualmente valiosa pode imobilizar pela negação da legitimidade da transformação. Se, com base na primeira abordagem, é possível gerar uma postulação contrária aos próprios objetivos da ação educativa, dada a falta de crença na transformabilidade do ser humano, a partir da segunda abordagem também pode ser gerada uma postulação que não investe na transformação.

Um exemplo bastante contundente dessa oposição é a polêmica, recorrente nos meios educacionais brasileiros, a respeito da desejabilidade de se impor a norma culta da língua portuguesa a crianças provenientes de meios culturais onde predominam outras variantes lingüísticas. Adeptos da primeira abordagem poderiam demonstrar uma atitude imobilista pelo fato de não acreditarem na possibilidade de tais crianças serem capazes de, verdadeiramente, adquirir a variante culta da língua. Adeptos da segunda abordagem, por sua vez, poderiam ser imobilizados pela sua crença na não legitimidade da intervenção educativa. Assim, ou porque "a criança não pode" ou porque "a escola não deve", o aluno pode ser deixado numa condição em que sua passagem pela escola representa muito pouca interferência em seu desenvolvimento.

Recuperação da importância da diferença como cerne de uma abordagem genética "forte"

As duas grandes linhas de pensamento em psicologia a respeito das diferenças individuais e das diferenças culturais até aqui discutidas estão claramente em oposição. A primeira não apenas afirma a existência de diferenças individuais e culturais como toma essas diferenças como o objeto mesmo da investigação em psicologia; a segunda nega a relevância da diferença, buscando desvendar as características universais do funcionamento psicológico humano. A terceira linha de pensamento parece ter limites tênues com as duas anteriores, podendo ser confundida com uma ou outra, dependendo do aspecto enfatizado, mas, na verdade, como será analisado a seguir, representa uma re-ordenação da problemática em questão à luz de postulados bastante diversos dos das outras duas.

Conforme mencionado anteriormente, essa terceira linha de pensamento está claramente associada à abordagem histórico-cultural em psicologia. Vamos explorar, aqui, dois aspectos dessa abordagem que são essenciais para a discussão da questão da diversidade e da busca daquilo que é universal no ser humano. Em primeiro lugar, o papel de uma postulação genética radical na compreensão da constituição do psiquismo humano. Em segundo, a idéia de que toda psicologia é cultural, não cabendo, portanto, a distinção entre diferenças individuais e diferenças culturais.

Diferentemente da segunda abordagem discutida, na qual o contexto histórico-cultural parece ser apenas um elemento detonador ou facilitador da emergência das características do psiquismo já presentes, de alguma forma, nos sujeitos humanos, nessa abordagem o psiquismo é postulado como sendo construído ao longo de sua própria história, sendo essa história constitutiva da psique humana. Vygotsky nos fala de quatro planos genéticos que interagem na formação do psiquismo: filogênese, ontogênese, sociogênese e microgênese (Wertsch, 1988, Vygotsky; Luria, 1996, Rieber; Carton, 1987).

A filogênese, história da espécie, define limites e possibilidades para o ser humano, isto é, a pertinência a uma determinada espécie animal fornece o substrato biológico para o funcionamento psicológico, estabelecendo parâmetros para o desenvolvimento do psiquismo. Características como o bipedalismo, a possibilidade de uso das mãos para fabricação e utilização de instrumentos, a extrema plasticidade do cérebro, o papel fundamental da linguagem e a importância da interação social para o desenvolvimento pleno dos indivíduos, tão centrais para a própria definição da espécie humana, são atributos de todos os seres humanos, universais portanto, originários do processo de desenvolvimento da espécie ao longo de sua história.

Nascido com as características de sua espécie, cada indivíduo humano percorre o caminho da ontogênese, do nascimento até a idade adulta. A criança difere qualitativamente do adulto e a compreensão da metamorfose que ocorre ao longo da vida do indivíduo é essencial para a compreensão do funcionamento psicológico humano. Grande parte do que se passa na ontogênese tem raízes biológicas, ancoradas na própria especificidade filogenética. Isto é, membros da espécie humana têm um percurso de desenvolvimento definido por características da espécie. Diferentemente dos filhotes de cavalo, por exemplo, a criança humana não se põe de pé e anda logo ao nascer, mas leva aproximadamente um ano para locomover-se na postura típica do adulto da espécie; ao contrário das tartarugas e de tantos outros animais que não são cuidados por seus pais quando nascem, o bebê humano não tem autonomia para sobreviver na ausência de um cuidado prolongado por parte de membros maduros da espécie; a criança primeiramente senta, depois engatinha, depois anda; seus dentes nascem numa certa seqüência e numa determinada idade; sua linguagem vai desenvolver-se por volta dos dois anos.

São inúmeras as características que poderíamos mencionar para explicitar os processos de desenvolvimento ao longo da ontogênese. Mas não é apenas de maturação que se constitui o desenvolvimento individual. Esse desenvolvimento se dá no interior de uma determinada situação histórico-cultural, que fornece aos sujeitos, e com eles constantemente re-elabora, conteúdos culturais, artefatos materiais e simbólicos, interpretações, significados, modos de agir, de pensar, de sentir. Assim, o bebê, que permanece deitado nos meses iniciais de sua vida e precisa dos cuidados do adulto, dadas certas características peculiares da espécie humana e próprias de sua fase de desenvolvimento, será acalentado, banhado, alimentado, vestido, de muitas maneiras diferentes, conforme as práticas culturais de seu grupo social. As características da espécie e das várias fases de desenvolvimento ontogenético serão interpretadas de acordo com as visões de mundo e as formas de significação próprias de cada cultura. A puberdade, por exemplo, conjunto de transformações fisiológicas ligadas à maturação sexual do indivíduo, é interpretada e tratada de formas diversas em diferentes culturas. Pode levar ao casamento e procriação imediatos, ao isolamento do jovem em casas separadas para pessoas dos sexos masculino e feminino, à criação de categorias socialmente reconhecidas denominadas "adolescentes" e "pré-adolescentes", a práticas de iniciação ligadas à religião etc. Do mesmo modo, outros fenômenos do desenvolvimento, originalmente provenientes de características da espécie ou das fases de desenvolvimento individual (por exemplo, o treino para controle das funções excretoras, a aquisição da linguagem, a velhice), recebem significação e tratamento peculiar dentro de cada cultura.

Além disso, os próprios limites de desenvolvimento definidos pelas características da espécie são, de certa forma, superáveis pelas conquistas culturais: a espécie humana, não dotada da capacidade física de voar, desenvolveu um artefato como o avião e agora voa; os limites da memória natural foram desafiados pelos vários tipos de registro de informação criados ao longo da história humana, posteriormente pela escrita e, mais recentemente, pelo computador; o olho humano conta com o telescópio, o microscópio e muitos outros artefatos ópticos como extensões de sua potencialidade.

Essa breve análise dos planos filogenético, ontogenético e sociogenético buscou explicitar a importância da gênese dos processos psicológicos, gerados na constante inter-relação entre o desenvolvimento da espécie, o desenvolvimento do ser individual e a história do grupo cultural onde se insere o sujeito. O plano da microgênese traz ainda maior complexidade à questão da gênese do psiquismo. Esse plano diz respeito à história, relativamente de curto prazo, da formação de um processo psicológico determinado (cf. Wertsch, 1988). Podemos nos referir, por exemplo, à gênese da capacidade de uma criança pequena alimentar-se sozinha com a colher, ou ao processo de aquisição do conceito de velocidade, ou ao domínio progressivo do uso do microcomputador. Essas conquistas psicológicas estão ausentes em um determinado momento da história individual (uma criança de três meses não come sozinha com a colher, por exemplo) e emergem ao longo de um processo de desenvolvimento que pode ser observado enquanto tal.

A imensa multiplicidade de conquistas psicológicas que ocorrem ao longo da vida de cada indivíduo geram uma complexa configuração de processos de desenvolvimento que será absolutamente singular para cada sujeito. Conforme explicitamos em outra oportunidade (Oliveira, 1992), em cada situação de interação com o mundo externo, o indivíduo encontra-se em um determinado momento de sua trajetória particular, trazendo consigo certas possibilidades de interpretação e re-significação do material que obtém dessa fonte externa. Os processos microgenéticos constituem, assim, o quarto plano genético, que interage com os outros três, caracterizando a emergência do psiquismo individual no entrecruzamento do biológico, do histórico, do cultural.

A dinâmica de relação entre esses domínios genéticos define, para essa abordagem, uma posição claramente não determinista. O curso de desenvolvimento suposto na pertinência à espécie e na maturação individual só será realizado por meio da inserção do ser humano no mundo da cultura, o que elimina qualquer possibilidade de consideração de alguma modalidade de dotação prévia ou herança genética como fonte primordial da formação do psiquismo. Isto é, sejam os seres humanos diferentes ou não na origem, o que importa para a compreensão de seu psiquismo é o processo de geração da singularidade ao longo de sua história. Ao postular a cultura como constitutiva do psiquismo, por outro lado, essa abordagem não a toma como uma força que se impõe a um sujeito passivo, moldando-o de acordo com padrões preestabelecidos. Ao contrário, a ação individual, com base na singularidade dos processos de desenvolvimento de cada sujeito, consiste em constante recriação da cultura e negociação interpessoal. Se assim não fosse, teríamos culturas sem história e geração de sujeitos idênticos em cada grupo cultural.

Emerge aqui a questão da recuperação da importância das diferenças como cerne da própria abordagem genética. Conforme discutido acima, essa é uma abordagem que considera que o psiquismo é totalmente construído na inter-relação entre os planos da filogênese, ontogênese, sociogênese e microgênese, não havendo nenhuma espécie de realidade psicológica preexistente a esse complexo processo histórico, mas sim uma necessária geração de singularidades. Postular diferenças é, portanto, uma conseqüência necessária dessa abordagem genética "forte": se o psiquismo é construído, a diferença é resultado necessário dessa construção, e a compreensão das configurações particulares é o objeto mesmo da investigação em psicologia.

É importante mencionar que não está eliminada, aqui, a preocupação com fenômenos universais. Existe a universalidade na pertinência à espécie, que fornece ao ser humano o substrato biológico de seu funcionamento psicológico. "A ligação dessa estrutura biologicamente dada com o papel essencial atribuído aos processos históricos na constituição do ser humano se dá por uma característica universal da espécie: a plasticidade do cérebro como órgão material da atividade mental. O cérebro é um sistema aberto que pode servir a diferentes funções (que podem ser específicas de um momento e de um lugar cultural), sem que sejam necessárias transformações morfológicas no órgão físico." (Oliveira, in; La Taille et al., 1992, p.104). Além disso, "o universal está na própria importância do fator cultural: o homem (todo e qualquer ser humano) não existe dissociado da cultura. A mediação simbólica, a linguagem e o papel fundamental do outro social na constituição do ser psicológico são fatores universais. O processo de internalização de formas culturalmente dadas de funcionamento psicológico é um dos principais mecanismos a serem compreendidos no estudo do ser humano" (ibid., pp.104-105).

Apesar de sua atenção explícita aos fenômenos universais, a abordagem histórico-cultural se opõe à segunda abordagem anteriormente discutida, que busca compreender as características universais do funcionamento psicológico humano, e que, se não nega explicitamente a existência de diferenças individuais ou culturais, de certa forma nega a relevância das diferenças para a compreensão do psiquismo. O objeto de estudo nessa terceira abordagem é o sujeito histórico, e a consideração da heterogeneidade entre grupos e entre indivíduos é fator fundamental para a compreensão desse objeto. Ao postular a existência e a importância das diferenças, por outro lado, essa abordagem pode parecer aproximar-se da primeira, na qual a diferença entre indivíduos é tomada como um dado prévio, como o objeto mesmo da investigação psicológica. Na primeira abordagem, entretanto, são supostas correlações estáticas entre traços do psiquismo e diferenças prévias, de origem individual ou cultural, enquanto, para os adeptos dessa terceira forma de abordar a questão, as diferenças não provêm de fontes biológicas ou culturais como variáveis independentes, mas são produzidas ao longo da própria gênese do psiquismo, na interação entre os vários domínios genéticos constitutivos do funcionamento psicológico.

Outro aspecto relevante da abordagem histórico-cultural no que diz respeito à questão das diferenças individuais e culturais é o rompimento da cisão entre uma psicologia cultural e uma psicologia "não cultural" (que tratasse de aspectos para os quais os fatores histórico-culturais não tivessem nenhuma relevância). Excluídos esses fatores, o único objeto para a psicologia seria o funcionamento puramente orgânico dos indivíduos. A definição desse objeto afastaria a psicologia de sua essência como área de conhecimento, já que, no caso dos seres humanos, o psiquismo é totalmente impregnado de fatores de ordem extra-orgânica. Rompe-se, assim, a suposta especificidade de uma psicologia cultural: toda psicologia seria cultural. Nesse sentido, diferenças individuais e diferenças culturais fundem-se em um mesmo fenômeno de geração de heterogeneidade, a partir do envolvimento de indivíduos em diferentes atividades ao longo de seu desenvolvimento psicológico. Conforme explicita Tulviste (1991), pessoas diferentes, membros do mesmo grupo cultural ou não, pensarão sobre partes idênticas do ambiente de formas diversas; e a mesma pessoa pode pensar de maneiras diferentes, usando diferentes métodos, estratégias e instrumentos conforme a atividade em que esteja envolvida.

A responsabilidade da escola: ensino para promoção do desenvolvimento

Vimos como as duas primeiras concepções sobre diferenças individuais e diferenças culturais estão claramente em oposição. A primeira postula os indivíduos e grupos humanos como diferentes entre si, enquanto a segunda busca características universais, negando a importância da diferença. Analisamos também como as conseqüências pedagógicas dessas duas abordagens tão diversas podem ser, na verdade, bastante similares: a incompetência do aluno, diagnosticada pela primeira abordagem, ou a falta de legitimidade da intervenção educativa, resultante da segunda abordagem, podem fundamentar posições que deixam para a escola um papel muito pouco significativo no desenvolvimento psicológico dos sujeitos que por ela passam. A respeito disso, a terceira abordagem se diferencia radicalmente das outras duas: a transformabilidade do sujeito ao longo do processo de desenvolvimento, a importância da intervenção educativa e a relevância da escola como instituição na sociedade letrada, ocupam lugar central nas postulações da abordagem histórico-cultural.

A própria idéia de desenvolvimento psicológico nessa abordagem está associada à idéia de transformação: Vygotsky olha o desenvolvimento de forma prospectiva, buscando compreender a emergência daquilo que é novo na trajetória do indivíduo como sendo a essência do próprio processo de desenvolvimento. Conforme discutido anteriormente, o psiquismo é construído na inter-relação dos vários planos genéticos, e a geração de diferenças e singularidades é produto desse processo. E, como a trajetória do desenvolvimento tipicamente humano se dá por meio da internalização de processos interpsicológicos, são os mecanismos de aprendizado que movimentam o desenvolvimento: este não acontece espontaneamente ou movido por algum tipo de força endógena, mas é promovido "de fora para dentro", sendo fundamental, aqui, a atuação dos outros sujeitos.

Emerge assim a importância fundamental da intervenção educativa nessa abordagem: sendo o desenvolvimento balizado por metas culturalmente definidas, a fonte privilegiada na definição dos caminhos do desenvolvimento são os outros, particularmente os membros mais maduros da cultura. Dada a plasticidade do sistema psicológico humano, são os outros que vão mostrar à criança como "ser pessoa" numa determinada cultura: é assim que vivemos, esses são os objetos que fabricamos e utilizamos, essa é a língua que falamos, essas são as idéias em que acreditamos. Na ausência desses parâmetros externos fornecidos por outros seres humanos, o homem não se constrói homem.

A intervenção educativa pode se dar de forma difusa no ambiente cultural por meio de sua estruturação material (artefatos utilizados para comer, por exemplo), da disponibilidade de meios simbólicos (existência ou não de língua escrita, por exemplo), da organização de práticas culturais em diferentes domínios (como comportar-se numa igreja, por exemplo). Mas a intervenção pode se dar também de forma deliberada, intencional. "A importância da atuação de outras pessoas no desenvolvimento individual é particularmente evidente em situações em que o aprendizado é um resultado claramente desejável das interações sociais. Na escola, portanto, onde o aprendizado é o próprio objetivo de um processo que pretende conduzir a um determinado tipo de desenvolvimento, a intervenção deliberada é um processo pedagógico privilegiado. Os procedimentos regulares que ocorrem na escola — demonstração, assistência, fornecimento de pistas, instruções — são fundamentais para a promoção de um ensino capaz de promover o desenvolvimento. A intervenção do professor tem, pois, um papel central na trajetória dos indivíduos que passam pela escola." (Oliveira, in: Castorina et al., 1995, p.62)

É interessante observar que essa valorização da escola não tem aplicabilidade universal; ao contrário, ela é culturalmente específica. Isto é, embora a afirmação de que os processos de aprendizado movimentam os processos de desenvolvimento refira-se ao funcionamento psicológico do ser humano em geral, quando aplicada a instituições sociais particulares ela deve ser interpretada no contexto de uma sociedade determinada. Assim, a escola é fundamental não em qualquer sociedade, mas na sociedade letrada, e sua importância refere-se à intervenção do modo letrado, escolarizado, científico, para operar transformações nos indivíduos numa determinada direção, escolhida como meta, nessa sociedade, na definição das características de seus membros. É nesse contexto que se torna importante a interferência do professor no processo de desenvolvimento dos alunos, no sentido de fornecer-lhes material cultural relevante para aquisição do sistema de leitura e escrita, dos conceitos e teorias das várias disciplinas científicas e do modo de construir conhecimento que é próprio da ciência.

Retomando o contraponto com as duas primeiras abordagens apresentadas, podemos afirmar que não há espaço na abordagem histórico-cultural, em se tratando da escola, para a postulação de um caminho de desenvolvimento espontâneo ou para um relativismo radical na aceitação de diferentes corpos de conhecimento e diversas modalidades de construção de conhecimento. Não há espaço tampouco, por outro lado, para a idéia de aceleração do desenvolvimento presente nas propostas de educação compensatória. A educação compensatória inclui a noção de que há falhas ou atrasos no desenvolvimento que necessitam ser corrigidos. A idéia vygotskiana de promoção intencional de desenvolvimento, por outro lado, refere-se à postulação, central em sua teoria, da relação indissociável entre aprendizagem e desenvolvimento. É interessante mencionar brevemente que Vygotsky também fala em compensação, num contexto bastante diferente. Ao estudar crianças com deficiências físicas ou mentais de origem orgânica, uma de suas áreas de trabalho teórico e aplicado, ele propõe que deficiências podem ser objeto da ação pedagógica pela via da compensação. Dada a plasticidade do cérebro humano, pessoas com problemas orgânicos podem conseguir compensá-los por meio da construção de caminhos alternativos de desenvolvimento. A idéia não é de correção, mas de aproveitamento do potencial dos órgãos, processos e mecanismos íntegros da pessoa deficiente.

A problemática do erro e do fracasso na escola, embora não enfrentada explicitamente pela abordagem histórico-cultural, parece encontrar nela fonte para importantes reflexões. Nessa abordagem postula-se a geração da singularidade humana, com base na plasticidade de nosso sistema nervoso e na interação entre diferentes planos genéticos no processo de constituição do psiquismo. Não haveria, portanto, um único caminho de desenvolvimento ou uma única forma de "bom funcionamento" psicológico para o ser humano. Ao mesmo tempo, entretanto, o desenvolvimento psicológico não está postulado como sendo totalmente em aberto, já que há limites e possibilidades definidos em cada plano genético. Quando se considera uma determinada instituição social no contexto de uma certa sociedade, como a escola na complexa sociedade contemporânea, a reflexão tem que se referir tanto à possibilidade de múltiplas trajetórias para diferentes indivíduos e grupos como às especificidades culturais em jogo, que definem a finalidade de tal instituição. A intervenção educativa teria que atuar sobre indivíduos necessariamente diversos, no sentido de lhes dar acesso àquela modalidade particular de relação entre sujeito e objeto de conhecimento que é própria da escola, promovendo transformações específicas no seu percurso de desenvolvimento.

Bibliografia

CARRAHER, T. et al. (1988) *Na vida dez, na escola zero*. São Paulo: Cortez.

CASTORINA, J.A. et al. (1995) *Piaget-Vygotsky:* novas contribuições para o debate. São Paulo: Ática.

COLE, M.; SCRIBNER, S. (1974) *Culture and thought*. Nova York: John Wiley and Sons Inc.

CRONBACH, L.J. (1970) *Essentials of psychological testing*. Nova York: Harper & Row.

CRONBACH, L.J.; SNOW, R.E. (1977) *Aptitudes and instructional methods*. Nova York: Irvington Publishers.

FLAVELL, J.H. (1975) *A psicologia de desenvolvimento de Jean Piaget*. São Paulo: Pioneira.

GARDNER, H. (1995) *A nova ciência da mente:* uma história da revolução cognitiva. São Paulo: Edusp.

GOODY, J. (1977) *The domestication of the savage mind*. Cambridge: Cambridge University Press.

LAPLANTINE, F. (1988) *Aprender antropologia*. São Paulo: Brasiliense.

LA TAILLE, Y. et al. (1992) *Piaget, Vygotsky, Wallon:* teorias psicogenéticas em discussão. São Paulo: Summus.

OLIVEIRA, M.K. (1992) Vygotsky: alguns equívocos na interpretação de seu pensamento. *Cadernos de Pesquisa*, São Paulo: n.81. pp.67-74.

PATTO, M.H.S. (1984) *Psicologia e ideologia*. São Paulo: T.A.Queiroz.

PIAGET, J. (1966) *O nascimento da inteligência na criança*. Rio de Janeiro: Zahar.

RIEBER, R.; CARTON, A. (1987) *The collected works of L.S. Vygotsky*. Nova York: Plenum Press.

SOARES, M.B. (1987) *Linguagem e escola*. São Paulo: Ática.

TULVISTE, P. (1991) *Cultural-historical development of verbal thinking:* a psychological study. Nova York: Nova Science Publishers Inc.

VYGOTSKY, L.S. (1984) *A formação social da mente*. São Paulo: Martins Fontes.

VYGOTSKY, L.S.; LURIA, A.R. (1996) *Estudos sobre a história do comportamento*. Porto Alegre: Artes Médicas.

WERTSCH, J.V. (1988) *Vygotsky y la formación social de la mente*. Barcelona: Paidós.

As fontes do erro

Heloysa Dantas de Souza Pinto*

Gaston Bachelard (1996), ao estudar o nascimento do pensamento científico, nos diz que "psicologicamente não há verdade sem erro retificado". Embora necessário, o erro deve obviamente ser transcendido, e sua psicanálise do conhecimento é um esforço para determinar-lhe as fontes.

Ele as encontra na contaminação do objeto pelo sujeito, na subjetividade inconsciente de si mesma. A busca do conhecimento começa pela necessidade de romper com a "experiência primeira", de superar a intuição direta e imediata das coisas.

Utiliza com freqüência expressões como "pueril" e "puerilidade", como se subjetividade e infantilidade se identificassem ou aproximassem. Uma psicogênese do conhecimento, capaz de indicar as formas do funcionamento mental cuja persistência dá a este o caráter infantil, aqui sinônimo de arcaico, surge como tarefa complementar, parcialmente realizada pela psicologia. Piaget realizou brilhantemente a arqueologia de uma forma específica do funcionamento mental, a que chamou de "operatório".

O pensamento, como virtualização de ações possíveis do sujeito sobre a realidade, é visto como obstruído pela fixação num único ponto de vista, e a aderência se dá sempre em relação ao ponto de vista próprio. Ele chega, pela via da psicogênese, à mesma idéia de "dessubjetivação" descrita com o termo "descentração". Um certo nível de descentração é requerido para o funcionamento lógico mais elementar, antes dele não está garantido sequer o princípio da transitividade da igualdade, tão fundamental, que pôde ser considerado inato. A memória do momento em que não se concluía, com rigor de necessidade, pela igualdade entre A e C, a partir da igualdade entre A e B e entre B e C, se perde em todo adulto

---

* Pedagoga, mestre e doutora em Psicologia da Educação. É autora de *A infância da razão* (Manole, 1990) e co-autora de *Piaget, Vygotsky, Wallon: teorias psicogenéticas em discussão* (Summus, 1992), *Alfabetização hoje* (Cortez, 1994) e *Sexualidade na escola: alternativas teóricas e práticas* (Summus, 1997).

normal. O pré-logismo se faz visível por uma ausência de conservação, de uma flutuação intuitiva de quantidades, substâncias, espaços, volumes, tempos. Piaget encontra, assim, no interior de uma forma específica (porém crucial, do ponto de vista da elaboração do conhecimento científico) do pensamento humano, uma modalidade também específica de instabilidade por traz do pré-logismo que leva a erros, cuja origem está na prevalência da intuição (a "experiência primeira" de Bachelard).

Tarefa simétrica é empreendida por Wallon em relação ao pensamento discursivo, aquele que se manifesta, não pela articulação das ações, mas pela articulação das palavras. Aqui o "erro" é entendido como o desacordo entre o sujeito e o objeto, ou do sujeito consigo mesmo. Em outras palavras, o "erro" é a contradição, a incoerência.

Ora, a análise walloniana (como também a piagetiana) mostra que a sensibilidade à contradição, longe de ser inata, é, ao contrário, bastante tardia. Nesse sentido, o "erro" aparece como uma categoria adulta, estranha ao funcionamento mental infantil.

Colocada a questão nesses termos, o passo seguinte é identificar as origens da contradição. Uma primeira análise é suficiente para sugerir que elas são inúmeras: a natureza do funcionamento mental (funcionamento, não estrutura, note-se) no início, que pode persistir por muito tempo adiante; a natureza da relação entre linguagem e pensamento, entre processos afetivos (especialmente emocionais) e cognitivos, assim como o caráter móvel da realidade, do objeto de conhecimento.

A matéria-prima utilizada por Wallon em sua análise dos primórdios da inteligência humana foi obtida em entrevistas individuais, nas quais os diálogos se organizaram a partir de uma suposição primeira: a de que a tarefa da inteligência é *explicar* a realidade. Entende explicação não no sentido clássico, isto é, encontrar a causa necessária e suficiente para a produção de um efeito, mas à maneira alargada do pensamento dialético: explicar é relacionar, *estabelecer relações* de todo tipo entre o fenômeno estudado e os demais: de tempo, de espaço, de movimento, de modo.

A possibilidade de fazer isso depende da realização de uma tarefa anterior: um recorte nítido do conceito em exame, o que corresponde a defini-lo. A definição apresenta-se assim como pré-requisito para a explicação: explicar um fato implica saber com clareza o que ele é e o que *não é*.

O estabelecimento dessas metas define a natureza do interrogatório que pretende examinar a capacidade da inteligência para trabalhar sem erro, isto é, sem contradição: ela deverá ser submetida à questão definidora (o que é) e às questões relacionais (por quê? para quê? onde? quando? como? etc.). Espaço, tempo, modo, causa, finalidade etc.; em suma, as "condições de existência" dos fatos.

A aplicação desse procedimento levou Wallon logo de início a questionar a descrição associacionista do funcionamento pensante, que o supunha constituído por cadeias de idéias unitárias independentes, que se uniam a partir de semelhanças, oposições, contigüidades, freqüência etc. Tal equívoco, segundo ele, resultaria de um estudo não genético do pensamento, e ilustrava o perigo de estudar um fenômeno psíquico depois de inteiramente constituído.

É pela sua montagem (ou desmontagem) que o funcionamento mental revela-se verdadeiramente, em sua intimidade, portanto, em momentos de inacabamento, de insuficiência, de erro.

Do ponto de vista metodológico, para a psicologia, ele é o momento privilegiado, revelador, crítico. Os "experimentos cruciais" da psicologia cognitiva são sempre aqueles em que o sujeito erra.

Entender o funcionamento mental significa compreender o significado dos erros. Não parece arriscado, a título de hipótese, admitir que o que é válido para a pesquisa, e tem produzido as mais interessantes contribuições à psicologia cognitiva — de Piaget a Emilia Ferreiro, de Wallon a Vygotsky e Luria —, possa valer para a didática, sinalizando os pontos fecundos para o investimento da atenção.

Retornando ao Wallon de *As origens do pensamento na criança* (1987), encontramos como primeiro resultado dos achados empíricos a idéia de um funcionamento binário da inteligência no início: pares sincréticos, idéias fusionadas, fundidas e confundidas, amálgamas em que sujeito e objeto, objetos entre si, qualidades, relações, os próprios processos mentais estão indiferenciados. É o amálgama sincrético, e não a unidade, que está na origem do pensamento, descobre ele.

"O sol é o céu, a lua é a noite, a chuva são as nuvens", respondem as inteligências infantis à pergunta definidora, para afirmar logo adiante que não são idênticas. O vento é o frio, mas não são a mesma coisa. As protodefinições encontradas por Wallon, e reencontradas no Brasil por Fagotti (1996), têm marcas que as diferenciam nitidamente das oferecidas por adultos confrontados com conceitos cuja definição desconhecem.

Elas são freqüentemente substancialistas, isto é, em lugar de qualificar a noção a ser definida, buscando seus atributos, elas assimilam uma coisa à outra. Para tomar os exemplos mais recentes obtidos por Fagotti: terra é barro, terra é areia; dinheiro é moeda; amigo é meu primo; trabalho é na loja da mamãe; trabalhar é escrever; amizade é brincar; céu é azul; etc. Mesmo quando a assimilação é feita na direção da classe abrangente, como em "terra é planeta", o movimento inverso (a diferenciação) não é feito, e sua necessidade não parece ser sentida. Não há indicação de que surja espontaneamente a necessidade de responder à pergunta: mas há planetas que não a Terra, criando desconforto em relação à própria definição. No adulto letrado, pelo contrário, esta necessidade surge espontaneamente, e o caráter insatisfatório de uma definição como "vaca é um animal herbívoro e quadrúpede" é sempre atribuído ao seu caráter insuficientemente diferenciador, excessivamente includente. Quando a definição proposta é algo como "vaca é um animal herbívoro, quadrúpede e marrom", o caráter insatisfatório é igualmente apontado sempre pelo adulto, e atribuído agora à sua insuficiente abrangência.

Em suma, no adulto letrado, ainda quando não tenha treino lógico, nem conhecimento técnico do conceito a definir, fica clara a dupla exigência em relação à definição anterior: é preciso que ela seja simultaneamente includente e excludente, assimiladora e diferenciadora, realize um recorte nítido entre o conceito a definir e os conceitos vizinhos. Deixemos de lado aqui a discussão, realizada pela ciência cognitiva, entre conceitos prototípicos e não prototípicos, e contentemo-nos em assinalar a presença "intuitiva" dessa exigência no funcionamento mental adulto, assim como sua inexistência para a inteligência infantil, no início.

Outro fato significativo foi trazido à luz pelo procedimento utilizado (conversas prolongadas): o conteúdo do conceito definido varia, flutua, ao longo de uma seqüência temporal curta.

Em diálogos curtos, o conceito "vida" pode ser identificado sucessivamente a crescimento, respiração, comer, movimento, sem nenhum esforço de integração nem desconforto aparente pela contradição. "Forte" pode significar também ao longo de um diálogo curto, pesado, grande etc. Essa insensibilidade à contradição, também assinalada por Piaget, adquire, no caso da definição, esse caráter de flutuação conceitual, de "ausência de conservação do conceito", se quisermos usar uma terminologia análoga à piagetiana para acentuar a simetria das duas descobertas.

Os dois fatos, em conjunto, constituem material suficientemente significativo para merecer a atenção do teórico, mas também do didata: o pensamento discursivo não se faz, em relação à função essencial que é a definição dos conceitos, a exigência de diferenciação; parece contentar-se com a assimilação. Igualmente não se impõe a estabilidade do conceito ao longo do discurso. Se aceitarmos o caráter básico do procedimento definidor, sobre o qual repousa a função explicativa, teremos encontrado aqui uma fonte fundamental do erro.

No caso do esforço didático, é necessário lembrar que aquilo que se configura como erro lógico não o é sob o ponto de vista psicogenético: a criança não "erra" ao dizer, *tout court,* que "Terra é planeta". Ela atua "corretamente", segundo as leis do seu próprio funcionamento mental. O profissional do ensino deverá resolver aqui o mesmo problema que enfrenta ao avaliar a produção escrita de uma criança pré-silábica, isto é, o paradoxo de dizer-lhe que ela está certa, mas não é assim que se escreve. Se isso for uma impossibilidade, trata-se de um impossível necessário, de um imperativo categórico, já que ele deve à criança as duas coisas simultaneamente: compreensão e respeito pelo que é, colaboração e estímulo para realizar o que será. Como ser dialético, em devir, ela requer uma dupla inserção temporal, presente-futuro, e uma dupla perspectiva, a do que é e a do que deve ser.

É interessante notar que dados obtidos por Vygotsky, utilizando a técnica da formação experimental de conceitos artificiais, isto é, por uma terceira via, diferente tanto da piagetiana quanto da walloniana, apontam na mesma direção: chegam à descoberta de uma flutuação, desta vez no critério classificador. Aquilo a que chamou de "pensamento por complexos" implica substancialmente uma flutuação do critério de classificação: a criança inclui na classe das "figuras grandes e vermelhas", onde existem quadrados, círculos etc., quadrados pequenos, azuis, porque são quadrados, em seguida círculos azuis, depois círculos amarelos, "porque são círculos" etc. Ou seja, relaciona apenas o último elo da cadeia, sem se preocupar com os anteriores, segundo critérios que mudam (quadrados, azuis, círculos).

A mesma justaposição e a mesma flutuação, encontradas por Piaget no pensamento operatório e por Wallon no pensamento discursivo, aparecem aqui, em uma situação diferente. A "ausência de conservação" das quantidades em função das diferentes configurações perceptivas, dos conteúdos conceituais segundo as seqüências do discurso, ou dos critérios classificatórios, ao sabor das séries, estão por trás de erros lógicos da mesma natureza. A articulação dos processos mentais supõe a estabilidade dos conteúdos que são postos em relação, seja na rede de operações virtuais, seja na trama das palavras. Aquela propriedade que Piaget chamou de identidade, e é solidária da reversibilidade, no pensamento conceitual parece ser também crucial. Seria possível admitir que a identidade ou estabilidade conceitual está para o pensamento discursivo assim como a reversibilidade está para o pensamento operatório. Parece haver aqui uma importante fonte de erros e, por conseguinte, uma direção fecunda para o esforço didático.

As fontes afetivas do erro

Na análise anterior, processada no plano interno do funcionamento cognitivo, o que se apresenta como o grande inimigo da coerência é sempre a intuição. Ela responde pela instabilidade e pela flutuação, na medida em que é nela que se passam as sucessões ininterruptas da realidade em movimento. A estabilidade, identidade e permanência devem ser buscadas acima do plano da percepção sensorial imediata.

Encontrar a verdade implica romper com a experiência imediata, ensina-nos Bachelard (1996, p.29): "o espírito científico vem formar-se contra a Natureza, contra o que é, em nós e fora de nós, o impulso e a informação da natureza, contra o fato colorido e corriqueiro".

A necessidade de subordinar, de domesticar a intuição aparece como crucial para a obtenção do acordo consigo mesmo e com o mundo exterior. Embora ela constitua o ponto de partida indispensável, ela é também aquilo que é preciso explodir, transcender.

Mas existem também outros "obstáculos epistemológicos", para usar a expressão de Bachelard, de ordem extracognitiva. São as distorções provenientes da tensão permanente entre os processos da inteligência e os da ordem da afetividade, ou, mais precisamente, da emotividade.

É necessário primeiro estabelecer diferenciações entre conceitos usualmente utilizados de modo sincrético: afetividade, emoção, sentimento, paixão. Vou utilizar aqui o termo *afetividade* diferentemente do vernáculo, no seu sentido de categoria abrangente: a vida afetiva inclui todos os sentimentos, o amor e ódio, todas as emoções, da raiva ao medo e à alegria, assim como os sentimentos exacerbados a que chamamos de paixões.

Tal distinção não é bizantina; ao contrário, ela é indispensável para permitir a formulação de um aparente paradoxo: as condições mais favoráveis à apreensão do conhecimento supõem uma elevação da temperatura afetiva e uma redução da temperatura emocional. O vínculo afetivo, sentimental, entre o sujeito que investiga e o objeto investigado sabidamente dinamizam, facilitam e fortalecem o desencadeamento da reação cognitiva.

No caso da criança, no qual entre ela e o objeto a conhecer existe um mediador, geralmente na pessoa de um adulto que ensina, a calidez da vinculação afetiva entre eles catalisa poderosamente a reação que resulta na apreensão do objeto pelo sujeito. Essa idéia pode ser levada adiante e sugerir que, onde o processo encontra dificuldades para se cumprir, uma elevação ainda maior da temperatura afetiva se faz necessária, encontrável nas situações de intimidade. Os vínculos positivos mas pouco intensos das condições coletivas das salas de aula podem ser reforçados em situações individualizadoras; quando o preconceito freqüente que associa pedagógico a público, e social a grupal, é superado, os resultados costumam confirmar aquela tese.

Essa constatação cria para o catalisador de conhecimento, que é o professor, uma exigência que tornaria impossível o exercício da sua profissão se fosse entendida no sentido epidérmico do senso comum: a de amar todos aqueles a quem se propuser ensinar. É apenas a adoção de uma concepção evolutiva e integrada entre afetividade e inteligência que, apontando para uma tendência à assimilação recíproca entre amar e conhecer, torna exeqüível aquela exigência: é possível, sem dúvida, *conhecer* a todos aqueles a quem devo ensinar.

Consideremos agora a segunda parte da afirmação, que se refere à necessidade de redução da temperatura emocional. Toda ela está apoiada na suposição de que existe antagonismo funcional entre emoção e razão, embora exista também uma relação de filiação entre ambas. Ou seja: a emoção desencadeia processos cognitivos, desde que se reduza como emoção. Trata-se de algo que poderia ser aproximado da idéia de sublimação. A energia emocional pode se metamorfosear em ação ou reflexão; nos dois casos, ela desaparece, ou se reduz como emoção. Quando isso não ocorre, ambas as possibilidades ficam prejudicadas, inibidas ou deterioradas.

Geneticamente, foi a comunicação emocional a primeira a surgir; é ela, portanto, que garante a inserção no plano do convívio humano que é também o plano cultural e cognitivo. Em outras palavras: a emoção obscurece a razão (e a percepção do exterior) e induz ao erro.

Das emoções básicas (medo, cólera e alegria), as duas primeiras são especialmente desgastantes do ponto de vista fisiológico: consomem energia (tônus) em grandes quantidades. Como processo eminentemente orgânico, tônico, ela tende a deslocar a sensibilidade para o próprio corpo e, assim, reduzir a precisão da percepção do exterior.

Compreendê-la adequadamente e à sua relação com os processos mentais, requer a adoção de uma perspectiva psicogenética, evolutiva, que ponha à luz a sua função arcaica, que é social, comunicativa, assim como as estruturas cerebrais mais primitivas que a organizaram na origem, podendo, ou não, se subordinarem às formações mais recentes, que respondem pelos processos mentais superiores.

A análise da sua função, nas origens, revela três fatos fundamentais: seu caráter orgânico-psíquico, híbrido, intermediário entre a vida orgânica e a vida mental, sua função comunicativa, apelativa, de recurso ao outro durante a fase de dependência radical que caracteriza a vida humana, e seu caráter potencialmente regressivo.

Postas em conjunto, essas três características a transformam na grande antagonista da função cognitiva: não só provoca no sujeito uma disposição centrípeta, autocentrada, como tende a alastrá-la aos próximos, em uma epidemia regressiva. Seu caráter fugaz, efêmero, de surto, sobre o qual o olhar raramente retorna, reforça a tendência a permanecer fora de qualquer análise da inteligência. Raramente tematizada, mesmo as teorias psicológicas interessadas na vida afetiva preferem lançar o olhar sobre os fatos mais permanentes dos sentimentos. O ódio duradouro e consecutivo, e não o surto momentâneo e fugaz da raiva recebe atenção.

Como conseqüência, fica esquecida uma parte substancial da vida cotidiana que cerca os fenômenos da aprendizagem escolar e responde por grande parte dos desacertos. Como reação a esse silêncio, o estudioso da teoria da emoção se vê fatalmente tentado a considerar a possibilidade de algo como um planejamento da atmosfera emocional que envolve a situação de ensino, a fim de realizar o que poderia ser qualificado de uma assepsia emocional.

Esse projeto corresponde, até certo ponto, a uma busca de inversão do quadro pintado pela literatura ao descrever as escolas do século XIX. Seja em *O Ateneu* do brasileiro Raul Pompéia, seja em *Os Buddenbrook* do alemão Thomas Mann, encontramos relatos de cotidianos escolares marcados por uma atmosfera em que prevalecem o tédio e o terror, e que poderiam fornecer modelos negativos para aquela empresa.

A libertação das inteligências pode ser buscada numa redução das duas emoções antifisiológicas e anticognitivas por excelência: o medo e a raiva. As avaliações constituem a principal causa da primeira na vida escolar contemporânea, e a falta de significado pessoal dos conteúdos, assim como as restrições ao movimento, provavelmente as principais fontes da segunda.

Impõem-se a eliminação das avaliações de conseqüências humilhantes ou traumáticas, uma busca sistemática de conteúdos pessoalmente significativos, uma organização do espaço e do tempo compatíveis com o movimento e a interação verbal entre os estudantes.

As razões para a demora em encontrar soluções tão óbvias só podem se dever à resistência dos adultos em abrir mão das armas de controle. Toda a nossa tradição escolar tem baseado a autoridade na intimidação; não conhecemos ainda recursos alternativos para disciplinar sem aterrorizar.

E, entretanto, a teoria psicológica indica pelo menos duas saídas: o caminho comportamental do controle pelo prêmio, e o caminho piagetiano da participação e do consenso.

Erro e liberdade

Até agora temos considerado o erro como algo a ser erradicado, e nessa tentativa procuramos suas fontes, identificando algumas de natureza intracognitiva, outras de natureza extracognitiva, aparecendo a intuição e a emoção como as grandes antagonistas da atuação lógica, consistente, coerente, do pensamento.

Não é necessária uma grande audácia para aceitar a necessidade de manter espaços de liberdade em relação às rigorosas e rígidas cadeias lógicas. Ou mesmo ao aprisionamento representado pelos significados habituais.

A apraxia é um fato do desenvolvimento, ou da patologia que se associa à agnosia. A criança pequena é apráxica, e o adulto pode voltar a sê-lo por lesão ou ignorância. Ela consiste em uma inadequação da ação por falha no conhecimento do significado do objeto (gnosia), ou do planejamento de seqüências motoras complexas. No primeiro caso, ela resulta de uma agnosia, isto é, de uma ignorância, de um não-conhecimento. O desconhecimento que leva uma criança (ou um adulto agnósico) a usar um barbeador para pentear-se e a usar inadequadamente um objeto dá a ela também uma liberdade, em relação a ele, que perdemos ao longo do desenvolvimento e que pode ser útil recuperar.

Os famosos testes de criatividade criados na década de 1960, que procuravam medi-la pela possibilidade de uso não convencional de objetos cotidianos, podem ser pensados, até certo ponto, como medidas de apraxia; a possibilidade de escapar ao aprisionamento do significado habitual, automatizado, é uma condição para a liberdade criadora.

Se pensarmos, abusando do sentido do termo, em uma apraxia das palavras, isto é, na sua utilização não habitual, encontramos aí uma das condições permanentemente apontadas da criação literária: uma forma qualquer de transgressão, no nível da palavra, do estilo, ou do gênero.

Quando o erro deixa de ser erro e se torna transgressão criadora é difícil determinar em abstrato. Porém que o processo de progressiva subordinação da intuição à lógica e à interação consciente precisa ser periodicamente rompido, é fato bem conhecido pelos artistas.

De alguma maneira é preciso encontrar uma solução, que pode apresentar-se como a busca da quadratura do círculo: ajudar as inteligências a subordinarem cada vez mais os processos intuitivos e emocionais, e, simultaneamente, a recuperá-los periodicamente.

Automatizar e desautomatizar: jogo oneroso porém necessário. Partilhamos todos de um forte preconceito contra a idéia da automatização na aprendizagem. Entretanto, qualquer análise isenta das condições infraestruturais dos processos culturais básicos da leitura, da escrita e do cálculo, basta para mostrar que a sua eficiência depende de automatismos bem estabelecidos, sobre os quais os processos mentais superiores do raciocínio e da invenção possam se exercer.

Qualquer análise séria da questão do erro escolar precisa enfrentar este tema em seu sentido duplo: a necessidade de automatização do acerto (automatização ortográfica, do cálculo etc.) assim como a da desautomatização do erro.

Quando se aceita a primeira, as saídas parecem ser facilmente encontravéis no plano lúdico: a repetição só é incorporada, prevista e significativa, aí, e a tradição dos jogos clássicos (bingo, dominó, baralho, memória etc.), tão ao gosto infantil, parece constituir resposta suficiente.

O erro da escola

Até agora a discussão referiu-se ao erro do aprendiz, às suas causas e à sua natureza.

Inverter a perspectiva, e pensar no erro como sinônimo de inadequação da instituição escolar, é também uma necessidade, é talvez a questão crucial.

Essa análise tem sido realizada *ad nauseam* na literatura recente: a escola reprodutiva, a escola excludente, a fabricação do fracasso escolar. Ela tem enfatizado geralmente a incompreensão da escola com relação ao universo cultural do aprendiz, à sua cultura de classe sistematicamente ignorada.

Não há necessidade de insistir sobre a verdade desse fato já solidamente estabelecido.

Cabe aqui apenas lembrar que o conhecimento do aprendiz, necessário à eficácia da ação do ensinante, se dá em vários planos: universal, cultural, pessoal. Existem, sem dúvida, processos mentais próprios da espécie humana, com certo grau de universalidade, qualificáveis talvez de transistóricos; outros são peculiares a determinados segmentos da humanidade, a determinadas culturas ou subculturas nacionais, regionais ou de classe, em momentos históricos específicos. Outros ainda caracterizam indivíduos concretos. O entendimento da singularidade pessoal é tão necessário quanto o da inserção cultural.

É possível supor que a escola erra de três maneiras diferentes: por desconhecimento das características gerais do funcionamento mental humano nas várias fases do desenvolvimento; por desconhecimento dos conteúdos do segmento cultural que contextua os seus aprendizes concretos; e por desconhecimento das histórias de vida próprias a cada um.

Não é suficiente conhecer o seu universo cultural, embora certamente isso seja indispensável. Quando afirmamos, parafraseando Alain, que para ensinar matemática a João é preciso conhecer matemática *e* João, é preciso avançar e afirmar que o conhecimento de João exige tanto o conhecimento das leis mais gerais do funcionamento mental da sua espécie quanto o da sua própria biografia e marcas pessoais.

O conhecimento do sujeito que aprende, metade da tarefa do ensino, é altamente exigente, envolvendo, além da sociologia cultural, econômica e política capaz de dar conta do seu momento, pelo menos dois tipos de psicologia. Uma psicogenética que elucide as leis gerais, mas também uma psicologia ideográfica, capaz de dar conta das singularidades pessoais.

Bibliografia

BACHELARD, G. (1996) *A formação do espírito científico.* Rio de Janeiro: Contraponto.
ALAIN, (1976) *Reflexões sobre educação.* São Paulo: Saraiva.
WALLON, H. (1987) *As origens do pensamento na criança.* São Paulo: Manole.
FAGOTTI, E. (1996) *A gênese dos conceitos.* São Paulo: PUC. (Dissertação de Mestrado).
DANTAS, H. (1990) *A infância da razão.* São Paulo: Manole.

Avaliação e fracasso:
a produção coletiva da queixa escolar

Adriana Marcondes Machado*

No contato com escolas públicas estaduais, na qualidade de psicóloga do Serviço de Psicologia Escolar do Instituto de Psicologia da USP, muitas crianças nos são encaminhadas por apresentarem alguma dificuldade no processo ensino-aprendizagem ou de comportamento. Utilizando-me dessas experiências, irei desenvolver neste artigo uma discussão a respeito de qual é o objeto de estudo e análise quando uma criança nos é encaminhada, e, uma vez definido o objeto, o que podemos dizer dele.

O fracasso escolar e a produção de mitos que o justificam

No Brasil, apenas cerca de 27% das crianças que ingressam na primeira série concluem o primeiro grau (cf. Helene, 1991). Nosso sistema educacional é seletivo. Muitas crianças, vivendo uma história de fracasso escolar, chegam aos postos de saúde, às clínicas-escola das faculdades de psicologia e às clínicas particulares trazendo o que chamamos de "queixa escolar". Em algumas unidades de saúde, de 70% a 90% das crianças atendidas apresentam essa queixa. Assim se estabelece uma epidemia: milhares de crianças são atendidas por psicólogos, psicopedagogos, fonoaudiólogos, pediatras e outros profissionais, que desenvolvem várias formas de avaliar, atender e tratar as crianças que fracassam.

Numerosas pesquisas e trabalhos de intervenção têm-nos orientado para a produção social do fracasso escolar,[1] alertando-nos quanto à perigosa tendência de tornar natural aquilo que é historicamente constituído. Pas-

---

* Doutora em Psicologia Social pela USP e psicóloga do Serviço de Psicologia Escolar do Instituto de Psicologia da USP. Autora de *Crianças de classe especial: efeitos do encontro da saúde com a educação* (Casa do Psicólogo, 1994) e organizadora de *Psicologia escolar: em busca de novos rumos* (Casa do Psicólogo, 1997).

1. Maria Helena de Souza Patto, em *A produção do fracasso escolar* (1990), refez o percurso histórico, político e social produtor das idéias que culpabilizam a criança pelo seu fracasso.

sa a ser natural esperar que o psicólogo descubra uma categoria para a criança, reforçando a crença segundo a qual ela seria culpada pelo seu fracasso, isto é, que o indivíduo malsucedido o é devido a questões unicamente individuais. Esse pensamento pressupõe a igualdade de oportunidades — um dos ideais presentes na Revolução Francesa e que se tornou ideologia.

A ideologia tem como função camuflar a realidade ocultando as contradições do real. Marilena Chauí (1980), citada em muitos trabalhos que discutem as crenças a respeito do fracasso escolar, mostra-nos que a ideologia interpreta falsamente a realidade social, fazendo com que os acontecimentos pareçam naturais.

Como explicar as diferenças sociais isentando a desigualdade social inerente ao nosso sistema? Patto (1990) revela que essa foi a tarefa das ciências humanas que se oficializaram no início do século XIX: desenvolver teorias que justificassem o abismo social. Vejamos.

As *teoria racistas* defendiam a idéia da necessidade de uma hierarquia social pela seleção dos mais aptos, justificada pelos princípios evolucionistas de Darwin. Essas teorias tiveram grande domínio nas práticas de nosso país. Convém lembrar que os índios eram tratados como um povo cuja "língua não tem F, nem L, nem R, coisa digna de espanto, porque assim não têm fé, nem lei, nem rei, e desta maneira vivem sem justiça e desordenadamente" (Moreira Leite *apud* Patto, 1990, p.65).[2]

Fatalistas, essas teorias eram criticadas por aqueles que defendiam maior mobilidade social na nova ordem. Para estes, grande parcela da população não conquistava o mundo da classe média, pois havia uma distribuição desigual de dons e talentos. Era a *teoria do dom*.

Imbuída do espírito liberal, essa concepção caracterizou o movimento denominado *Escola Nova* (final do século XIX), no qual a escola poderia tornar a sociedade mais democrática. Dever-se-ia identificar os indivíduos conforme sua aptidão e potencialidade, oferecendo-lhes ensinos diferenciados. Essa concepção foi um terreno fértil para o desenvolvimento dos testes psicológicos, que seriam os instrumentos capazes de medir as "diferenças de aptidões" e o "talento individual" — fatores responsáveis, nesse pensamento, pela desigualdade social.

Os testes de inteligência justificavam que os melhores lugares eram ocupados pelos mais capazes, veiculando a falsa idéia de que o método transcende o próprio homem e a ordem social que o desenvolveu: como se fossem os instrumentos que pudessem nos falar dos homens, camuflando sua determinação valorativa. Mas, é entendendo a história dos homens, suas necessidades e o funcionamento social, que podemos compreender a existência e produção dos testes psicológicos.

---

2. Extrato subtraído do *Tratado da Província do Brasil*, escrito por volta de 1570, por Pero de Magalhães Gandavo.

A ideologia está radicada em práticas, e, como diz Foucault (1987b, p.6), "as práticas sociais engendram domínios de saber que não somente fazem aparecer novos objetos, novos conceitos, novas técnicas, mas também nascer formas totalmente novas de sujeitos e de sujeitos de conhecimento".

Assim, passamos a produzir "crianças com distúrbios", "crianças deficientes", bem como os "profissionais competentes para avaliar", que têm instrumentos para medir essas coisas. Produzimos esses sujeitos.

Embora se falasse em diferenças individuais, grupos inteiros mantinham-se à margem. Começou a se formalizar a *teoria da carência cultural*, na segunda metade do século XX, mais especificamente na década de 1960, nos EUA. Para essa teoria, "a pobreza nas classes populares", "os problemas emocionais", "a família desestruturada", "a falta de interesse dos pais" pela escolarização dos filhos, "os alunos desinteressados", "desnutridos", "pouco estimulados" e com "linguagem pobre" eram as justificativas predominantes para o fracasso escolar.

Essas várias teorias e hipóteses estão presentes atualmente nos encaminhamentos de crianças a serem avaliadas por profissionais.

A concepção de desenvolvimento e inteligência considerada por vários autores[3] como um processo construído nas relações sociais mostra-nos que compreender o desenvolvimento da leitura e da escrita seria compreender os processos de apropriação de um objeto socialmente constituído. Embora as concepções desses autores estejam cada vez mais presentes nas discussões das práticas pedagógicas, ainda impera o foco reducionista nas avaliações diagnósticas.

Atualmente,[4] temos visto reacendidas as discussões a respeito da determinação da inteligência e de como avaliá-la. Por um lado, a crença em uma inteligência que depende exclusivamente da herança genética, e, por outro, a ênfase em aspectos emocionais, como a capacidade para lidar com as próprias emoções, nas conquistas do indivíduo. Mas ambas nos convidam a enfatizar as "habilidades individuais" como sendo o fator responsável pelo sucesso ou fracasso do sujeito.

As idéias de "falta", "anormalidade", "doença" e "carência" dominam a formulação das queixas a respeito das inúmeras crianças que são encaminhadas pelas escolas para avaliação psicológica, tornando-se mitos que justificam o fracasso escolar. Vejamos alguns desses mitos, que já foram intensamente questionados por alguns autores.[5]

---

3. Emilia Ferreiro, Lev Seminovitch Vygotsky, Jean Piaget e outros.
4. Duas publicações americanas recentes discutem esses temas: o livro de Charles Murray e Richard Herrnstein, *The Bell Curve: intelligence and class structure in American life* (Nova York: Simon & Schuster Inc., 1994), defendendo as diferentes capacidades intelectuais entre as raças; e o livro de Daniel Goleman, *Inteligência emocional* (Rio de Janeiro: Objetiva, 1996), questionando a capacidade intelectual como única determinante do sucesso dos indivíduos, e ressaltando a importância do que ele denominou inteligência emocional (automotivação, empatia, controle de emoções).
5. Maria Helena Souza Patto, Cecília Collares, Maria Aparecida Moysés e outros.

A expressão *distúrbio de aprendizagem* tem sido muito freqüente nos relatórios e nas falas dos profissionais que trabalham com as crianças encaminhadas. O pensamento médico, baseado em um raciocínio clínico circular, foi estruturado em uma época em que os objetos de estudo eram basicamente as doenças infecto-contagiosas, que nos convidavam a pensar que se A (um agente biológico) causa B, B só pode ser causado por A. Transpondo esse raciocínio, "se uma doença neurológica pode comprometer o domínio da linguagem escrita, será que a criança que não aprende a ler e escrever não teria uma doença neurológica?" (Moysés, 1992, p.33). A hipótese de uma lesão cerebral mínima, tão procurada nos inúmeros eletroencefalogramas requisitados para as crianças que não estão aprendendo, também é respaldada por esse raciocínio tradicional.

"A observação de que algumas pessoas que sobreviviam a doenças neurológicas bem estabelecidas, principalmente infecções e traumas, passavam a apresentar, como uma das seqüelas, alterações de comportamento (em relação a seu próprio padrão anterior à doença), suscita a idéia de que indivíduos com 'comportamento anormal' poderiam ter, como causa básica, uma lesão cerebral. Lesão suficiente para alterar o comportamento, porém mínima o bastante para não provocar outras manifestações neurológicas." (ibid., p.34)

A autora convida-nos, no decorrer de seu texto, a relativizar o poder normalizador, neutro, objetivo e verdadeiro que certas afirmações ditas científicas têm. O "distúrbio de aprendizagem" é conceitualmente uma disfunção cerebral mínima (DCM). A DCM tem como manifestação alterações no comportamento ou na cognição, como: déficit de concentração, instabilidade de humor, agressividade, hiperatividade, "distúrbio de aprendizagem" e outros. Mas, além de essas manifestações não serem claramente definidas, qualquer um desses sinais tem sido suficiente para ser considerado uma disfunção, isto é, não há número mínimo de sintomas para definir a doença. No conceito original de DCM, exigia-se inteligência normal, exame físico e raio-X do crânio normal ou com alteração "minor". Enfim, uma doença em que vários fatores deviam estar normais.

Na década de 1960, o diagnóstico das entidades nosológicas como DCM e "distúrbio de aprendizagem" exigia a exclusão de outras patologias ou de condições que pudessem justificar as dificuldades no processo de escolarização, tais como questões pedagógicas, sociais, culturais ou outras doenças que pudessem explicar o quadro clínico. Mas "esses critérios de exclusão são posteriormente eliminados dos conceitos, tornando-os ainda mais vagos e abrangentes" (ibid., p.38).

Dessa forma, eliminando as condições que anteriormente excluíam a possibilidade de diagnóstico de "distúrbio de aprendizagem", torna-se possível que qualquer criança que apresente dificuldades na escola possa ser enquadrada nesse diagnóstico. É difícil provar a inexistência de um distúrbio que não tem prova de existir.

A determinação social e econômica da *desnutrição* é transformada no dia-a-dia em mais uma doença biológica. Collares (1994) aponta pesquisas nas quais foi demonstrado que a desnutrição pode ter conseqüência negativa sobre o Sistema Nervoso Central, quando forem preenchidos os três requisitos:
• a desnutrição deve ser de grave intensidade;
• ocorrer no início da vida, momento em que o SNC está se desenvolvendo;
• deve se prolongar por um longo período desse momento inicial crítico.

Preenchidos esses requisitos, ressalta-se que "as crianças que desenvolvem desnutrição grave morrem antes dos 5 anos de idade, e as funções intelectuais superiores de maior complexidade (que poderiam ser comprometidas pela desnutrição) não são pré-requisitos para a alfabetização, aliás, aos sete anos, nem mesmo estão presentes" (ibid., p.71).

Os determinantes sociais e econômicos da desnutrição podem ser percebidos quando, analisando os casos de crianças da classe média ou alta que tiveram desnutrição devido a uma doença grave, não se relata um déficit sistemático de desenvolvimento, principalmente em se falando de capacidades cognitivas elementares para o ser humano.

Convém sempre lembrarmos que estamos falando de crianças que nos são encaminhadas por fracassarem na tarefa de serem alfabetizadas, de aprenderem a ler e a escrever segundo as exigências de uma primeira série.

Outro termo que se popularizou foi a *dislexia*. Trocar letras sistematicamente transformou-se em "ser disléxico". Dislexia, segundo Collares (ibid., p.78), "refere-se a uma doença neurológica que compromete o uso e o domínio da linguagem escrita. Foi descrita no século passado (inicialmente o nome era cegueira verbal), a partir da observação de indivíduos que, após um trauma craniano grave ou uma doença neurológica bem estabelecida, podiam apresentar como uma das seqüelas a perda do domínio da linguagem escrita, um domínio anteriormente estabelecido. Essa situação clínica é bem comprovada, podendo-se detectar lesões anatômicas, e não é questionada. Deve ficar claro que não é essa doença que estamos discutindo. Nosso objeto é a condição a que se convencionou chamar de 'Dislexia Específica de Evolução', e que se referia a crianças que, por uma 'disfunção cerebral', teriam uma interferência com a aprendizagem, prejudicando a alfabetização".

Nunes (1992), fazendo uma revisão da literatura sobre o diagnóstico e tratamento das dificuldades de leitura no processo ensino-aprendizagem, concluiu que as diferenças entre o grupo de crianças "disléxicas", definidas pela autora como aquelas "cuja aprendizagem de leitura e escrita é muito mais lenta do que seria esperado a partir de seu nível intelectual" (p.11), e outras crianças é quantitativa, isto é, "o tratamento das dificuldades de aprendizagem da leitura não exigem medidas excepcionais. Qualquer medida educativa que beneficie as crianças com menor dificuldade na realização da análise fonológica das palavras e das sílabas também beneficiará as crianças com maior dificuldade" (ibid., p.91).

Constata-se uma epidemia. Fala-se na existência de cerca de 18% de "disléxicos", de 5% a 15% de "hiperativos" na população com idade escolar (cf. Moysés, 1992).

Existem pessoas com dislexias, existem lesões que prejudicam o processo ensino-aprendizagem, disfunções neurológicas, existe desnutrição, pobreza, problemas emocionais, violência, existe professor desinteressado, pais alcoolistas. Existem crianças com problemas psicológicos que merecem atendimento, pois elas estão sofrendo. Mas não é possível estabelecermos uma relação direta de causa e efeito entre problemas emocionais e capacidade de aprender.

Quisera, para nossos olhares ingênuos, que essas fossem as verdadeiras causas da grande percentagem de crianças que fracassam.

Professores atribuem aos médicos, psicólogos e fonoaudiólogos a capacidade de desvendar as causas do fracasso, o que, por sinal, não é monopólio da rede pública de ensino e de saúde. E os profissionais da saúde acabam por reforçar o discurso de que as dificuldades no processo de escolarização são devidas a "problemas individuais de saúde ou emocionais" das crianças, recomendando, na maioria dos casos, atendimentos a estas.

Dessa forma, aprisionamos a diferença no estreito espaço da normalidade/ anormalidade, e damos à exclusão e à produção do fracasso escolar o aval de especialistas.

Os bastidores do pedido de avaliação

Até o momento, centralizamos nossas críticas nas práticas e crenças que atribuem o fracasso escolar à criança encaminhada e não consideram a rede de relações nas quais essa criança está inserida. Essas práticas, ao perguntarem "o que a criança tem, qual seu problema", acham e produzem crianças incapazes, com dificuldades específicas de aprendizagem e problemas emocionais. A busca de uma categoria para o que a criança apresenta — se ela é deficiente mental leve (como se isso existisse), se tem algum "distúrbio" etc. — veicula a falsa idéia de que devemos lapidar nossos diagnósticos no sentido de definir melhor aquela criança. Ilusão... É o olhar diagnosticador o que está em questão.

Valemo-nos, como diz Heller (1992), de "juízos provisórios" para nossas atividades cotidianas. Existem classificações que realizamos, e orientamos nossas ações perante essas classificações. Se acredito que um trabalho terapêutico é algo adequado para uma criança que está indo mal na escola, então me parecerá natural que uma criança com problemas no processo de escolarização seja encaminhada para psicólogos.

Os juízos provisórios, como o próprio nome diz, podem ser alterados e corrigidos a partir de nossas experiências. Mas, "os juízos provisórios refutados pela ciência e por uma experiência cuidadosamente analisada, mas que se conservam inabalados contra todos os argumentos da razão, são preconceitos" (ibid., p.47).

Temos entrado em contato com preconceitos ao ouvirmos relatos de histórias nas quais as crianças estão sendo atendidas por psicólogos ou psicopedagogos. Suas professoras dizem que aquelas não estão apresentando nenhuma mudança e todos permanecem acreditando que é "a" criança que não está conseguindo se beneficiar do trabalho psicológico ou psicopedagógico.

Se, em vez de focalizarmos a criança encaminhada, considerarmos a rede de relações, o campo de forças no qual se viabiliza o pedido de uma avaliação psicológica, o que iremos ver e produzir?

Discutirei essa pergunta relatando uma experiência profissional que realizei como psicóloga do Serviço de Psicologia Escolar.

Durante o ano de 1994, participei de um trabalho no qual me encontrava mensalmente com as professoras de classe especial da 14ª Delegacia de Ensino de São Paulo. Essas classes especiais (para deficientes mentais) devem ser freqüentadas por 10 a 14 alunos, diagnosticados como deficientes mentais leves. Teoricamente, as crianças que freqüentam essas classes devem aprender o conteúdo de primeira a quarta série e serem realocadas nas classes regulares. Nelas existe grande diversidade: crianças com problemas de comportamento, crianças com o diagnóstico de psicóticas, pessoas com vinte anos de idade. Muitas das crianças que freqüentam essas classes não possuem qualquer tipo de deficiência, podendo mostrar suas capacidades em atividades fora da vida escolar.

Vários professores de classe especial, sabendo da discriminação e preconceito em relação a seus alunos, costumam encaminhá-los, quando estes retornam às classes regulares, para uma série anterior à que são capazes, isto é, se o aluno tem condições de freqüentar a quarta série, será encaminhado para a terceira.

Muitas são as práticas do dia-a-dia escolar, os mecanismos escolares, que produzem essas crianças.

"Primeiro produzimos algumas crianças que passam a se sentir menos, desvalorizadas (as crianças especiais, as crianças-problema), e outras crianças que sentem que os problemas daquelas que não aprendem são individuais e não lhes dizem respeito (as crianças normais). Depois inventamos práticas visando resgatar uma auto-estima que não pôde ser desenvolvida nas primeiras e produzir atitudes de solidariedade e respeito nas segundas, como se o sentimento de incapacidade e a discriminação não estivessem sendo produzidos por nossas práticas." (Machado, 1996, p.68)

As versões das crianças a respeito do que lhes acontece nos mostram um saber que lhes foi expropriado e a impossibilidade de se verem sujeitos de suas vidas escolares. Restam-lhes explicações ilusórias e patológicas para os acontecimentos de sua vida. Foi assim que uma menina me disse que existia um segredo que ela gostaria de contar: *"eu sou idade mental"* (cf. Machado, 1991). Outra criança justificou sua ida para a classe especial devido ao fato de ela não sentar na carteira e gostar de ficar em pé. E, no trabalho de Fernandes (1983, p.ii), um aluno lhe disse ter *"uma doença que não dói. A gente não sente nada. Só não deixa a gente aprender"*.

A maioria dos laudos dessas crianças descreve os resultados de testes de inteligência e de personalidade. Souza (1996) revela-nos que o trabalho realizado pelo psicólogo não tem considerado a realidade escolar. Muitos são os prontuários nos quais não há nenhuma informação sobre a vida escolar, embora o pedido de avaliação psicológica tenha sido feito pela escola. E, quando há alguma informação, esta fica caracterizada somente como informação — os resultados e sugestões não têm relação com a queixa escolar. São trabalhos que rotulam as crianças, selando o destino delas, e revelando uma prática criminosa da psicologia.

No final de 1994, fomos convidados a realizar a avaliação psicológica de 139 alunos de 22 escolas estaduais dessa mesma Delegacia de Ensino, por meio de uma verba para o trabalho de avaliação que havia sido recebida no início de dezembro e deveria ser gasta até o final do mesmo mês. Essa verba normalmente é utilizada para contratar serviços de clínicas particulares, que testam as crianças encaminhadas. Aceitamos realizar o trabalho, tendo conseguido que este pudesse ser efetuado durante o ano de 1995.[6]

Nosso desafio era realizar um trabalho no qual tivéssemos acesso à rede de relações a partir da qual o encaminhamento da criança para avaliação psicológica havia sido viabilizado.

Realizamos os trabalhos nas escolas. Inicialmente nos interessou os bastidores do encaminhamento da criança, a história escolar delas e as várias versões que diferentes profissionais da escola tinham a respeito da criança.

Com essas atividades ficamos sabendo que:

• em algumas escolas as professoras tinham encaminhado diretamente seus alunos, sem nenhum tipo de discussão entre o grupo docente;

• em outros encaminhamentos a professora atual da criança não via problema nenhum, mas a professora anterior fazia questão de uma avaliação. Optava-se por encaminhar a criança, e a dificuldade de se pensar nas diferentes práticas e estratégias em relação a ela era abafada;

---

6. A equipe de trabalho foi composta por Daniela Fuschini, Jaqueline Kalmus, Renata Paparelli, Renata Lauretti Guarido, Luciana Pérez de Campos Pires, Vanessa Mies Bombardi, Aparecida Norma Martins, Ana Cristina Caldeira, Maria de Fátima Neves da Silva, Juliana Teles de Azevedo, Anabela Almeida Costa e Santos, Simone Aligieri, Yara Malki, Fernanda de Almeida Cavallante, Gustavo Martinelli Massola, Thaís Seltzer Goldestein, Adriana Marcondes Machado, Yara Sayão e Marilene Proença Rebello de Souza.

- em mais de 50% dos casos encaminhados existiam versões contraditórias a respeito das crianças; uma professora a via como indisciplinada, e outra, como cuidadosa e interessada. Muitas vezes nós funcionávamos como intermediários, mostrando a existência de várias versões e as diferentes produções das crianças;
- 39 crianças estavam freqüentando a classe especial e, para 16 delas, as professoras pediam laudos que enfatizassem a possibilidade de estas freqüentarem as classes comuns. Esses casos nos mostravam o quanto a discriminação paralisa a vida escolar das crianças;
- em 25% dos encaminhamentos, a queixa não focalizava a criança: foram encaminhamentos que categorizamos como decorrentes de uma "queixa institucional";
- a maioria das justificativas para o fracasso escolar das crianças era mitificada, desconsiderando as práticas do dia-a-dia escolar;
- muitas professoras buscavam uma interlocução para seu trabalho;
- a maioria das crianças era repetente, sendo que 18 freqüentando o CBI[7]; 79, o CBC; 3, a terceira série; e 39, a classe especial. As crianças que freqüentavam a terceira série haviam sido transferidas de escolas municipais nas quais estavam cursando o terceiro ano do ciclo de alfabetização. Não estavam alfabetizadas, mas foram transferidas para a terceira série na escola estadual.

Essas informações convidam-nos a perceber alguns dos fenômenos que justificavam muitos dos encaminhamentos de crianças para avaliação psicológica: *o receio por parte de professores de classes especiais de que seus alunos fossem discriminados; a necessidade de interlocução de alguns professores para o trabalho com certas crianças; a montagem de "classes de alunos lentos" nas quais espera-se e se dá pouco às crianças; a falta de estratégia pedagógica e de recursos diversificados para o trabalho com algumas crianças; o preconceito; as salas de aulas lotadas, as atitudes julgadoras em relação às crianças, nas quais os termos "certo" e "errado" dominavam as interpretações; as transferências mal realizadas entre escolas; a cristalização de algumas relações nas quais a busca de uma doença na criança revelava o cansaço de algumas professoras.*

Fizemos visitas domiciliares para conversar com os pais não somente sobre como a criança era em casa, mas também para pensar e saber a opinião deles sobre a produção da queixa escolar.

Tendo as informações sobre a história escolar da criança e as várias versões em relação a ela, encontramo-nos com as crianças individualmente. Nesse encontro inicial e individual, as convidamos para um traba-

---

7. CBI (Ciclo Básico Inicial) e CBC (Ciclo Básico de Continuidade): etapas do Ciclo Básico a partir das quais a criança ingressa na terceira série.

lho em que nos veríamos cerca de cinco vezes em grupo com outras crianças (grupos de cinco a seis crianças) e algumas vezes individualmente.

Nesse primeiro encontro definimos com a criança nossa tarefa de pensar com ela a produção da queixa escolar, no sentido de buscar estratégias para alterar o que estava acontecendo no dia-a-dia. Se percebíamos fatores e acontecimentos responsáveis pelo encaminhamento da criança, por exemplo, que havia o receio de ela ser discriminada na classe regular, nossa função era problematizá-los com as crianças.

Nos encontros em grupo utilizamos jogos e brincadeiras, sempre trazendo a questão da queixa escolar para ser pensada. Nos encontros individuais focalizamos nossa conversa na produção escolar.[8] Pesquisar a leitura e a escrita dessas crianças foi algo delicado, pois muitas delas viviam seu "não saber" como fracasso e incapacidade, e não como desafio. Por isso tínhamos como tarefa descobrir e efetuar o que a criança sabia e gostava de fazer, viabilizando uma relação na qual ela se tornasse capaz para aprender e pensar.

Vejamos alguns dados que nos chamaram a atenção durante os encontros:

• dos 114 encaminhamentos para os quais existiam queixas específicas em relação às crianças, em 84% deles as crianças não apresentaram conosco as atitudes pelas quais estavam sendo encaminhadas;

• muitas crianças que estavam sendo encaminhadas com o intuito de que as enviássemos para uma classe especial demonstravam saber ler e escrever quando em atividades lúdicas não relacionadas ao ensino formal;

• algumas crianças que haviam ficado muitos anos nas salas regulares sem aprender a ler e escrever, e que depois de alguns meses freqüentando uma classe especial estavam alfabetizadas, tinham muito medo de retornarem ao ensino regular;

• alguns pais discordavam da versão da escola. Outros pareciam reconhecer no filho a queixa da professora, mas não viam isso como problema. Muitas vezes apresentavam versões patologizadas, justificando o fracasso escolar de seus filhos devido a problemas "na cabeça";

• não encaminhamos nenhuma das crianças para a classe especial (46 encaminhamentos tinham essa demanda). Das 39 crianças que já freqüentavam a classe especial, apenas quatro não receberam nossa sugestão de retornarem para a sala regular. Uma delas estava há cinco anos na classe especial, sendo que há três anos não progredia em nada, segundo sua professora. Sua produção escolar estava paralisada.

---

8. Detalhamentos das perguntas que formulamos e das atividades que propusemos estão presentes em minha tese de doutorado intitulada *Reinventando a avaliação psicológica* (Machado, 1996).

Mais alguns fatores e acontecimentos que nos chamaram a atenção: *a existência de situações intensas e difíceis, como histórias de abandono familiar, violência sexual, uso de drogas, miséria, revelando a necessidade de se pensar em formas de incluir esses temas no cotidiano escolar em vez de excluí-los, ou usá-los como justificativas para encaminhamentos; a revolta e tristeza de algumas crianças quando falavam de sua vida escolar; a vontade de aprender; a solidão de algumas professoras.*

Depois de cerca de quatro meses de trabalho, redigimos um relatório sobre cada um dos 139 encaminhamentos e sobre o trabalho em cada uma das 22 escolas. Esses relatórios versavam sobre o percurso do trabalho, isto é, o objetivo era descrever a produção da queixa escolar. Iniciamos os relatórios com a história escolar da criança e a queixa em relação a ela. Depois redigimos sobre sua produção nos encontros, as várias versões, e terminamos com alguma sugestão que já havia sido conquistada no trabalho.

Uma das crianças disse-nos que aceitava sair da classe especial se fosse estudar com a professora Marta, que concordou com isso. Se, por acaso, no ano seguinte, a professora Marta não estivesse lecionando na escola, essa mudança deveria ser rediscutida com a criança. Nossas sugestões não eram genéricas e, por isso, elas se constituíam em relações presentes. Encaminhar uma criança para sair da classe especial e retornar à classe regular pode produzir efeitos danosos se a professora da classe regular que for lecionar para essa criança não estiver acreditando na capacidade da mesma.

Os relatórios foram lidos com as crianças, pais e professoras. Os acontecimentos durante as leituras foram, em alguns casos, muito significativos. Resolvemos então incluir o relato dessas leituras nos relatórios. Outra questão foi o fato de algumas professoras se sentirem julgadas e atacadas. Refletimos que em alguns momentos, embora tivéssemos sempre a preocupação de escrever de forma a priorizar a produção daquilo que queríamos analisar, as frases estavam críticas. Tínhamos críticas em relação a inúmeros fatos que conhecemos e vivemos nas histórias escolares das crianças, porém, nossa intenção não era atacar ou denunciar, mas problematizar ações com os profissionais da escola. Resolvemos então entregar os relatórios sem assinatura para uma primeira leitura, e, depois de uma conversa com as professoras, redigir a versão final.

Ao trabalharmos com crianças que nos são encaminhadas, é necessário buscarmos os fenômenos, os fatores, nos quais se viabiliza o encaminhamento. Nossa intenção é ter acesso à produção desses fenômenos, produzir acontecimentos e movimentos. A forma como buscamos esses fenômenos produzem efeitos que são de nossa responsabilidade. Algumas vezes deparamos com psicólogos que dizem ter como função realizar um diagnóstico individual e escrever um relatório. Se o efeito desse relatório é a produção de um rótulo em relação à criança, isso não lhes compete. Nosso sistema jurídico, palco de arbitrariedades de um sistema caótico, ao menos veicula a idéia de, perante uma acusação, existir a possibilidade de defesa. Mas as afirmações, concepções e posturas em nossos laudos médicos e psicológicos não prevêem contestações.

As apropriações que se dão em relação ao que dizemos; as expectativas quanto ao trabalho; a função da avaliação nas relações e instituições sociais nas quais elas acontecem — tudo isso produz e engendra realidades. Essa questão nos convida a uma crítica aos projetos de educação e saúde que desconsideram as formas como estes são apropriados pelos profissionais.

Ter uma criança com algum tipo de comprometimento em uma sala de aula exige trabalhar os efeitos que isso muitas vezes provoca, isto é, exige incluir os pais das outras crianças, a professora, as crianças, no sentido de se conquistar o entendimento de que as *limitações possam ser reconhecidas como limitações tão-somente* (cf. Amaral, 1995).

Existem histórias de crianças que foram para classes especiais e se beneficiaram. Suas professoras pensavam com as crianças o fato de estas mesmas estarem nessa classe, questionavam a fatalidade dos laudos, buscavam um trabalho de inserção com essas crianças, circulavam pela escola trabalhando com as crianças tidas como normais o fato de haver uma classe especial na escola etc. Não negavam a discriminação, o receio e a insegurança que uma prática de segregação produz; *não negavam, portanto, os efeitos que as práticas engendram.*

O que está sendo avaliado

Ao relatar nossa prática e quais os fenômenos, fatores e acontecimentos com que deparamos ao considerar a rede de relações e a história escolar das crianças encaminhadas, temos a intenção de problematizar o que chamamos de avaliação psicológica. *Afinal, o que avaliamos?* Partiremos da "queixa escolar" para definir nosso objeto.

Nas queixas em relação às crianças encaminhadas existem dizeres quantitativos a respeito do que é muito, pouco, do que falta em relação à criança: "ela é muito dispersa", "faltaria prestar um pouco mais de atenção", "ela está pouco interessada". Aliás, encontramos nos laudos das crianças, com as quais trabalhamos, os mesmos termos: o que a criança não fazia, o que lhe faltava etc.

Essas colocações convidam-nos a pensar em uma forma ideal, um padrão, um "dever ser", criados sempre segundo uma ordem social. Os critérios de normal e anormal, certo e errado, permeiam aquilo que produzimos como sendo "o esperado". Com esse tipo de postura e olhar, produzimos os termos quantitativos em nossas falas.

Muitos trabalhos buscam categorias, explicações para o que acontece, desconsiderando as relações e as práticas que engendram aquilo que vemos. Como se fosse possível existir alguma explicação genérica que pudesse dar conta do funcionamento de uma criança, independentemente das relações. Como se houvesse sempre algo anterior e interior no sujeito, separado daquilo que acontece, que explicaria o significado das coisas: a agressão da criança poderia significar sua incapacidade em elaborar frustrações, a falta ao atendimento psicoterápico poderia significar dificuldade em entrar em contato com conteúdos conflituosos, a recusa da criança em aprender poderia significar seu medo de crescer. *Como se os acontecimentos não produzissem realidades, mas apenas representassem algo individual e interior a ser expressado.* Ora, mesmo em uma criança que possua alguma deficiência — pensemos em uma criança cega — a existência da cegueira não define possibilidades de aprendizagem, de alegria, de criatividade, de inserção. Essas possibilidades serão sempre engendradas em um social.

Talvez por dominar certo tipo de concepção em nossa formação como psicólogos ou educadores, os trabalhos de avaliação busquem informações sobre que mecanismos internos estão envolvidos naquilo que a criança produz. As produções representariam, expressariam, uma certa estrutura individual interna.

Mas, como nos diz Foucault (1987a, p.22), "não há nada absolutamente primário a interpretar, porque no fundo já tudo é interpretação". A interpretação será sempre a interpretação de alguém; o princípio dela é o intérprete.

Os acontecimentos não existem por questões individuais. Não existem causas individuais para os fenômenos da vida, pois eles *não são individuais*, não são de ninguém. São efeitos que se engendram em uma rede de relações (cf. Deleuze, 1974).

Como ter acesso às produções que se dão nessa rede de relações? Para isso precisamos inicialmente mudar nossas perguntas, devemos formular nossos problemas sobre as relações, as práticas, e não sobre os sujeitos: como funcionam as relações diagnósticas e as relações de aprendizagem nas quais se viabiliza o fracasso escolar? Com certas práticas diagnósticas, criam-se graus de deficiências e crianças com problemas; com certas práticas pedagógicas, inventam-se alunos pré-silábicos; com outras, alunos lentos ou normais.

Aqui cabe um cuidado. Ao considerarmos o campo de forças, mudamos nosso olhar da criança para as relações. Dessa forma, por exemplo, para compreender a dispersão da criança incluímos muitos fatores que estão em jogo: a aula ser interessante, a relação professor/aluno, a história escolar da criança, a expectativa da professora etc. Mas ainda estaremos mantendo a "criança dispersa" como nosso objeto a ser analisado e questionado se buscarmos os fatores como causas desse objeto. Dessa forma estaremos apenas ampliando o espectro de causas que produzem as várias subjetividades, mudando o culpado (o que temos de convir, já é um passo) — da criança para as práticas do dia-a-dia escolar.

E assim ganha força a perigosa tendência em se ver as coisas como existindo "em si", fora das relações, criando frases do tipo: "*a* expectativa do professor de que a criança preste atenção durante a aula toda produz *a* criança dispersa". A alta expectativa seria a causa do fracasso? Podemos pensar, então: se um profissional vê como anormalidade certa atitude da criança, irá criar patologia (aquilo que vemos é produzido por nosso olhar). Sabemos que as práticas, as crenças, as explicações produzem realidades. Contudo, essas constatações não nos permitem *afetar a produção da queixa*, que é algo sempre construído coletivamente. E, portanto, não poderemos falar dessa produção.

Qual seria nossa função em um trabalho de avaliação? Será que afetar essa produção seria um outro momento do trabalho, no qual pensaríamos em estratégias de intervenção? Se assim for, nosso trabalho seria apenas o de fazer um levantamento dos fatores que produzem aquilo que temos como sintoma. Por exemplo, o quanto um comprometimento individual da criança pode ou não estar prejudicando seu processo de escolarização, quais preconceitos e mitos interferem nas práticas com a criança etc.

Voltemos aos dados de nosso trabalho apresentado anteriormente, para discutirmos essas colocações. Vejamos algumas informações em relação a um dos encaminhamentos.

Conhecemos uma menina, Vilmara (oito anos), cuja professora estava muito preocupada, pois ela pouco se expressava, ficava isolada em um canto sem fazer nada. No recreio, permanecia quieta. Seu corpo se voltava para dentro, parecendo estar com medo. Magra, pequena, cursava pela primeira vez o CBI. Em nosso primeiro contato com ela, Vilmara mal erguia seus olhos. Nos encontros em grupo, aceitava o que as outras crianças propunham, e quando não sabia fazer alguma coisa, deixava que fizessem por ela. Sua professora, penalizada, muitas vezes pedia que Vilmara desenhasse algumas bolinhas, e lhe dava "muito bem" e "parabéns" por aquilo que fazia. Em casa, Vilmara era criada por sua irmã mais velha, uma mulher de quarenta anos, que tinha muitos filhos. Sua mãe, doente, estava internada há anos.

De novo, podemos fazer inferências e pensar se as atitudes da professora estariam reforçando o sentimento de incapacidade de Vilmara, se a vivência de perda na história familiar estaria intensificando o medo e a insegurança de Vilmara, se... Tudo isso pode ser. Mas, para nós, o que importava era problematizar a história escolar, a produção da queixa em relação a uma criança que chega à escola com essas características. Durante os encontros, tivemos como desafio afetar essa história na qual a queixa se produzia. Vilmara foi se mostrando uma criança capaz de rir, brincar, perguntar. Nosso desafio era conseguir isso. Sua irmã pensava conosco formas de fazer com que Vilmara participasse mais das atividades de casa. Nos grupo conversávamos com as outras crianças sobre o fato de, ao fazerem as coisas por Vilmara, estarem impedindo que ela aprendesse a fazê-las sozinha. Com a professora, aparecia a sensação de solidão em relação a histórias que exigiriam um trabalho mais coletivo.

Dos 139 encaminhamentos atendidos, Vilmara foi um dos 125 casos para os quais registramos ter conseguido alterar a sua história escolar. As relações com Vilmara se modificaram e múltiplas produções se efetuaram. Foi possível pensar com as professoras suas versões a respeito do fracasso escolar e suas expectativas em relação ao nosso trabalho; mudar preconceitos e práticas; "descolar" do corpo da criança os atributos "colados" nela, e que, quando cristalizados, tornam os sujeitos prisioneiros de sua condição: "o louco", "a criança deficiente", "a criança dispersa".

Ora, então não podemos conhecer e pesquisar uma situação que nos é encaminhada sem alterá-la. Para saber como as coisas funcionam, temos de entrar em seu funcionamento. Como poderíamos saber que seria possível uma Vilmara que, depois de um tempo, se tornasse "até" teimosa?

Aquela Vilmara quieta, medrosa, de cabeça baixa, sofria nas mãos de crianças como Wellington. Com treze anos de idade, cursando o Ciclo Básico pela quarta vez, ele era considerado "o terrível" da escola. Batia nas outras crianças, era agitado, não fazia as lições pedidas. Inteligente, driblava todos os argumentos. Sempre arranjava um motivo para aquilo que fazia, provando que não restaria a ele outra alternativa senão bater. Durante os encontros em grupo ele foi se aproximando — nunca sabíamos quando ele iria participar. Participou dos jogos, criou regras, contou piadas. Nos encontros individuais foi possível conversarmos sobre sua história escolar, pensar as cenas nas quais ele agredia, o que o magoava, como os profissionais da escola lidavam com esses fatos, o quanto ele ocupava o lugar de "problema", sua sensação de incapacidade perante uma classe com crianças mais novas.

Aparecia um Wellington inseguro. A relação dos pais com a escola era conflituosa, imperavam críticas de ambos os lados. Fora da escola, ele gostava de empinar pipa e de trabalhar na feira livre. Embora ele não tenha agido conosco da forma pela qual sua professora o descrevera na sala de aula, essa contradição não serviu para pensar na possibilidade de um Wellington diferente, em que não havia algo tão cronificado. Intensificava a sensação dos profissionais da escola de que ele "não fazia as coisas porque não queria", "era desinteressado".

Dos onze encaminhados para os quais tivemos muita dificuldade em alterar as crenças, as práticas, as perguntas em relação às crianças, nove deles nos foram encaminhados por "problema de comportamento". Revelavam relações cristalizadas, cansadas, sem disposição para mutações. O pedido em relação a esses trabalhos era que enviássemos as crianças para classes nas quais houvesse menor número de alunos e com um professor especializado — na rede estadual, essas são as características das classes especiais.

Se colocarmos Vilmara e Wellington, um ao lado do outro, pareceria natural (e tomemos cuidado com aquilo que nos parece natural) eleger a segunda criança como a criança "capaz". Mas sua história e relações escolares tendiam para a estagnação. Era trabalhoso afetar a produção da queixa, que parecia ter-se tornado crônica.

A queixa escolar é construída em uma história coletiva. Avaliar a produção da queixa escolar implica buscar o quanto é possível alterar essa produção, afetando os fenômenos nos quais ela se viabiliza. Avaliamos, portanto, nossa possibilidade e capacidade, em cada caso singular, de alterar o rumo que leva ao fracasso escolar. Para isso, devemos estar atentos aos efeitos que nossos gestos produzem.

Ao encaminhar uma criança para um psicólogo, temas e fenômenos institucionais estarão sendo encaminhados. Se, como dissemos, avaliamos a possibilidade de mudar o que está sendo produzido, o trabalho implica um processo de intervenção em um campo de forças, em um contexto institucional, do qual fazemos parte.

Implicações

A quantidade de encaminhamentos de crianças para especialistas; pedidos de avaliação psicológica; crianças que não acompanham o conteúdo que está sendo ensinado; crianças que agem de forma agressiva com os outros — tudo isso reflete o grande número de crianças que são atendidas por psicólogos, psicopedagogos, professores particulares.

Quando impera a pergunta "o que a criança tem?", predomina um trabalho em relação ao que "falta a ela ter". Embora a maioria de nós reconheça que "a dispersão", "o não querer fazer lição", "o agredir" não existam como entidades, isto é, adquirem sentido dependendo das relações nas quais esses acontecimentos se dão e são produzidos, não temos tido o funcionamento dessas relações como material de trabalho. Dessa forma, tornamo-nos capazes de criar um juízo a respeito da criança, mas não de transformar aquilo que está sendo produzido. Assim, cria-se um ciclo vicioso no qual nossos discursos tendem a intensificar aquilo que queremos mudar. As palavras produzem realidades.

Quando no contato com diferentes escolas, deparamos com fenômenos diferentes. A situação de desamparo vivida por professores e alunos da rede estadual não é vista em algumas escolas particulares. Os fenômenos e acontecimentos são outros. Mas a expectativa em relação ao trabalho de avaliação psicológica, a crença em se poder avaliar algo "na criança", se repete.

Problemas de ordem pedagógica e institucional são transformados em problemas de saúde mental.

Uma vez nos foi encaminhado um menino de treze anos que, segundo seus colegas de classe e sua professora, tinha "trejeitos femininos". Isso fazia com que as crianças ironizassem suas atitudes, dominando a idéia de um encaminhamento para avaliar sua "normalidade sexual". Por intermédio desse rapaz, a questão da sexualidade era vivida em sala de aula. A pergunta passou a ser: como trabalhar esse tema na sala de aula? As diferenças existem e trabalhá-las na dinâmica da sala de aula implica termos acesso aos temas, às tendências, que elas efetuam. Produzir novas subjetividades implica uma metamorfose nas práticas e nas relações.

A concepção de uma professora de que a criança não aprende devido a um distúrbio; uma criança trocando muitas letras quando escreve; pais severos com seus filhos — todos estes são fenômenos que isoladamente nada nos dizem, não podem ser julgados. Como todos os acontecimentos, são engendrados em uma trama social. Se nosso objeto é um campo de forças do qual fazemos parte e no qual se viabiliza a possibilidade de alteração das histórias escolares, nossa tarefa pressupõe intensificarmos pensar com as crianças, com as várias professoras e com os pais, a produção da queixa escolar. Dessa forma poderemos falar desse campo, do quanto conseguimos imprimir algum movimento, da cristalização ou fluidez das relações, da intensidade e do movimento dos fenômenos que se apresentam.

Bibliografia

AMARAL, L.A. (1995) *Conhecendo a deficiência (em companhia de Hércules)*. São Paulo: Robe.

CHAUÍ, M. (1980) *O que é ideologia*. São Paulo: Brasiliense.

COLLARES, C.A.L. (1994) *O cotidiano escolar patologizado*. Campinas: Universidade de Campinas, Faculdade de Educação (Tese de Livre Docência).

DELEUZE, G. (1974) *Lógica dos sentidos*. São Paulo: Perspectiva.

FERNANDES, A.M.D. (1993) *Rompendo com a produção de uma "doença que não dói"*: a experiência de alfabetização em Nova Holanda. Rio de Janeiro: Fundação Oswaldo Cruz (Dissertação de Mestrado).

FERREIRO, E. (1986) *Alfabetização em processo*. São Paulo: Cortez.

FOUCAULT, M. (1987a) *Nietzsche, Freud e Marx — Theatrum Philosoficum*. São Paulo: Princípio.

———. (1987b) *Vigiar e punir:* nascimento da prisão. Petrópolis, Vozes.

HELENE, O. (1991) *Caminhos e alternativas para valorização da escola pública — sistematização de discussões realizadas durante a 1ª jornada para valorização do ensino público*. In: Forum de Licenciatura, São Paulo: USP.

HELLER, A. (1992) *O cotidiano e a História*. São Paulo: Paz e Terra.

MACHADO, A.M. (1996) *Reinventando a avaliação psicológica*. São Paulo: Universidade de São Paulo, Instituto de Psicologia (Tese de Doutorado).

———. (1994) *Crianças de classe especial*: efeitos do encontro da saúde com a educação. São Paulo: Casa do Psicólogo.

MOYSÉS, M.A.A.; COLLARES, C.A.L. (1992) *A história não contada dos distúrbios de aprendizagem.* São Paulo: Cortez, Caderno CEDES, n.28.

MOYSÉS, M.A.A.; ZANETTA DE LIMA, G. (1982) Desnutrição e fracasso escolar: uma relação tão simples? *Revista da ANDE,* n.5.

NUNES, T.; BUARQUE, L.; BRYANT, P. (1992) *Dificuldades na aprendizagem da leitura:* teoria e prática. São Paulo: Cortez.

PATTO, M.H.S. (1990) *A produção do fracasso escolar.* São Paulo: T.A. Queiroz.

SOUZA, M.P.R. (1996) *A queixa escolar e a formação do psicólogo.* São Paulo: Universidade de São Paulo, Instituto de Psicologia (Tese de Doutorado).

O mal-estar na escola contemporânea:
erro e fracasso em questão

Julio Groppa Aquino*

> *Benditas todas as regras métricas*
> *que proíbem respostas automáticas,*
> *forçando-nos a segundos pensamentos,*
> *livrando-nos dos grilhões do eu.*
> W.H. AUDEN

Deu-se que certa vez, numa escola qualquer, transcorria uma aula normalmente. Após a professora ter atingido sua explanação do ponto previsto para aquele dia, um dos alunos a interrompe: "Professora, eu não entendi". A professora explica o ponto de novo. O aluno reafirma: "Não entendi!". A professora, preocupada com o cumprimento do programa, explica pela derradeira vez. O aluno retruca ao final: "Eu não disse que não ouvi, eu disse que não entendi".[1]

Qual desfecho poderíamos suspeitar para essa espécie de quase-ficção pedagógico-escolar? Quais repercussões institucionais esse evento traria? E quais efeitos de subjetividade se produziriam em nossas personagens?

Uma primeira hipótese seria a professora tomar a fala de seu aluno como uma afronta, e, para assegurar o respeito da classe, adverti-lo na frente dos outros. Exasperada, passaria então para a outra parte da aula. No caminho de casa, já tranqüila, pensaria: "distúrbio de comportamento". Se acontecesse novamente, nas semanas seguintes, o caso seria levado às outras autoridades escolares para que fossem tomadas as devidas providências disciplinares — tudo em prol de sua tranqüilidade e dos de-

---

* Mestre e doutor em Psicologia Escolar e professor da Faculdade de Educação da USP. É também autor de *Confrontos na sala de aula*: uma leitura institucional da relação professor-aluno (1996), organizador e co-autor de *Indisciplina na escola: alternativas teóricas e práticas* (1996) e organizador de *Sexualidade na escola: alternativas teóricas e práticas* (1997), editados pela Summus.

1. Agradeço a Hercília Tavares de Miranda pela preciosa leitura dos originais. E dedico este texto a Liliane Medeiros, companhia silenciosa no dia-a-dia, saudade.

mais. Ao final de tudo, pensaria: "alguém tem que dar um jeito nesse menino".

Outra possibilidade seria a de tomar a fala de seu aluno como indício de um *déficit* cognitivo, uma defasagem psicopedagógica. Conscienciosa, repetiria, em vão, sua explicação quantas vezes pudesse suportar. No caminho de casa, certeira, pensaria: "distúrbio de aprendizagem". Nas semanas seguintes, confrontada com os limites de sua função, encaminharia o menino para um especialista — psicólogo, psicopedagogo ou médico — dependendo de sua intuição. De posse da avaliação técnica do especialista e de uma espécie de compaixão dela decorrente, isolaria-o dos demais, trazendo-o para mais perto de seus cuidados, ou, se possível, em uma classe específica destinada aos mais lentos. Ao final de tudo, pensaria: "alguém tem que tratar desse menino".

Ainda, uma terceira hipótese plausível seria a de, preocupada com o ambiente extra-escolar dessa criança, a professora investir um pouco de seu tempo investigando sua procedência, seu *background* familiar e social, a qualidade, de véspera, quase sempre precária das relações aí estabelecidas. No caminho de casa, piedosa, pensaria: "distúrbio de ajustamento". Confrontada mais uma vez com os limites de sua função, trocaria comentários ao mesmo tempo indignados e benevolentes com os colegas sobre a calamitosa estruturação familiar dos alunos de hoje em dia. Ao final de tudo, pensaria: "alguém tem que ajudar esse menino".

Quanto ao nosso aluno, não é difícil suspeitar que, com o tempo, perdesse por completo a curiosidade pela sala de aula ou se deixasse atrair por algo mais desafiador que os presságios pedagógico-existenciais de sua professora/pensadora, já que, ao menos isso, ele saberia entender com razoável clareza. Nas provas padronizadas, contudo, é certo que acabaria não conseguindo atingir a média. Na dita recuperação, pior ainda. Ao final do ano letivo, na conversa com os pais, a professora, já apaziguada com seus pensamentos, os acalentaria: "será melhor para ele fazer de novo", ou "ele não tem condições ainda para freqüentar a série seguinte".

Seja qual for o desfecho de nossa história, um misto de resignação e desincumbência parece assolar a ambos, professora e aluno. Nossa professora tem consigo a sensação de um dever (ser) cumprido, pois lhe escapa o manejo estritamente pedagógico da situação. É hora de recorrer a outros discursos para poder recuperar o sentido de seu trabalho, que, paradoxalmente, findam por lhe expropriar o domínio de suas ações, colocando-a à mercê de algo, para ela, desconhecido. Nosso aluno, por sua vez, traz a sensação oposta: de um dever (ser) não cumprido, pois uma estranheza se instala, naturalizando sua travessia institucional como algo problemático, desconhecido para ele. Assim, ele próprio se vê transformar em um "aluno-problema".

Conformados a essa nova realidade, professora e aluno tornam-se estrangeiros em seu próprio território, ou melhor, o território se modifica abruptamente e a ambos desaloja, uma vez que a possibilidade educacional de seu encontro dá lugar a outras destinações. Quais serão?

O embotamento institucional da escola

Qualquer profissional ou teórico que tenha imediata ou mediatamente o contexto escolar como fonte de indagação pode verificar a freqüência com que essa figura, a nós polêmica, dos "alunos-problema" tem se destacado no discurso dos protagonistas escolares. São eles quase sempre diagnosticados como portadores individuais de algum desvio das normas escolares clássicas, enquadráveis em um vasto espectro de anomalias mentais e/ou morais.

No que tange especificamente ao erro escolar e seu efeito cumulativo, o fracasso, convém apontar desde já que tais vicissitudes do trabalho escolar não podem, sob nenhuma hipótese, ser encaradas como atributos psico(pato)lógicos, ou como predisposições particulares — inatas ou adquiridas, não importa — de um suposto "aluno-problema". Mesmo porque esse mesmo aluno, dependendo das circunstâncias, pode apresentar uma produtividade e um entusiasmo insuspeitos aos olhos viciados pelo tirocínio pedagógico.

Como entender, então, os atos de um virtual "aluno-problema"? A bem da verdade, qual seria um diagnóstico factível e, mais ainda, um prognóstico conseqüente para ele?

Quando um aluno é encaminhado a um pediatra, psicólogo, psicopedagogo, ou qualquer outro especialista, para que um distúrbio de ordem cognitiva ou até mesmo comportamental, como aqueles muitos que se abrigam sob o ambíguo rótulo de "problema de aprendizagem", seja tratado, está-se pedindo explicitamente para que um profissional externo às relações escolares, e portanto ausente delas, dê conta do enfrentamento de um quadro sintomático cujas causas remetem à interioridade mesma do cotidiano escolar, ou seja, suas relações constituintes e, em particular, à relação professor-aluno.

Além disso, há aí, nesse pedido, uma contradição fundamental, uma vez que mesmo que esse aluno seja "tratado" isoladamente, como um elemento apartado das relações escolares, o "sintoma" nunca desaparecerá por completo, pois não se trata, a nosso ver, de uma disfunção individual (orgânica, psicológica e/ou social), mas do efeito de uma trama cujas raízes são intransferivelmente institucionais.

Há que se retirar, portanto, o foco diagnóstico da figura exclusiva desse "aluno-problema", deslocando o olhar para as relações conflitivas que o circunscrevem, das quais ele é tão-somente um porta-voz, ou um *problematizador*, se se quiser.

Dessa forma, quando uma escola começa a apresentar um *quantum* acima do aceitável de encaminhamentos ou, mais drasticamente, de reprovação e evasão, o que está em pauta não é o baixo nível de inteligência ou de rendimento de seu corpo discente, mas o teor das relações institucionais que, no mínimo, estão retroalimentando tais grandezas.

Incapaz, na maioria das vezes, de reconhecer sequer o âmbito de suas competências mínimas, posto que foram se multiplicando no decorrer das últimas décadas, a escola, por meio de seus agentes, não se furta a lançar mão do arsenal teórico de outros campos conceituais, quando sua clientela se apresenta de maneira estranha ao difuso "padrão pedagógico" contemporâneo. É aí que entram em cena os peritos e seus discursos teórico-técnicos, cujo efeito imediato é uma nova arbitragem de tal padrão, agora mais, hipoteticamente, científica, objetiva, neutra.

Exemplo disso? As classes especiais, destinadas àqueles com dificuldade de freqüentar classes regulares, e que só podem ser encaminhados a elas com o "laudo técnico" de um psicólogo clínico. Outros exemplos: as crianças hiperativas ou as apáticas, as superdotadas ou as limítrofes, as imaturas ou as precoces etc. Note-se, por curiosidade, que se trata de pares opostos, percebidos, porém, como igualmente dificultadores da ação pedagógica. Qual seria, então, a média desejável? Quais os requisitos psicológicos mínimos para o trabalho pedagógico? Quais, enfim, as condições de possibilidade para o êxito escolar hoje em dia?

Na contramão de tais indagações, o que tanto os educadores quanto os especialistas muitas vezes parecem esquecer, no ato de uma avaliação diagnóstica, por exemplo, é que a criança/adolescente em questão não é um "caso" clínico em abstrato, mas um sujeito sempre tributário de instituições, ocupante de lugares e posições concretas, e que se funda a partir das relações nas quais sua existência está inscrita. Ele é estudante de determinada escola, aluno de certo(s) professor(es), filho de uma família específica, integrante de uma classe social, cidadão de um país.

Mais correto seria, então, que se colocasse em análise a(s) instituição(ões) subposta(s) a uma queixa, circunstanciando esta última no intervalo de um conjunto de relações institucionalizadas. Em termos mais específicos, o que deve estar em foco num pedido de tratamento desse tipo são as matrizes institucionais do distúrbio, da anomalia, da diferença, encarnadas, sim, na figura individual do "aluno-problema", mas que o transcendem em muito.

Nesse sentido, é lícito supor que o *pathos* do erro/fracasso tão disseminado no cotidiano escolar constituiria a mais perfeita tradução de uma espécie de embotamento institucional da escola contemporânea. Isso significa dizer que a escola, na qualidade de instituição social, tem permitido que seu rol de competências fique à deriva de outras instituições, com as quais compete historicamente pela "guarda" de nossas crianças e jovens.

Disso decorre, a nosso ver, que, na busca crescente de uma suposta eficácia científica sobre o processo ensino-aprendizagem, tanto no que se refere ao esquadrinhamento (psico)pedagógico do aluno, quanto às ações pré-diagnósticas do professor, a escola atual tem se despotencializado como instituição, deixando-se capturar por demandas que, a rigor, nada têm a ver imediatamente com seu papel esperado e possível. Com isso, tem-se perdido paulatinamente a visibilidade sobre a especificidade do âmbito institucional escolar, bem como sobre a positividade de sua ação e, particularmente, da sala de aula.

Quais as possíveis razões para esse embotamento? Como entendê-las? Faz-se necessário, assim, um recuo teórico para situar a possível justeza de nossos argumentos.

Da delicada geopolítica das instituições

Em um texto dedicado à complexa imbricação de diferentes práticas institucionais, Marlene Guirado (1995) deflagra uma interessante discussão acerca da configuração de fronteiras, operada por determinada instituição, com vistas ao traçado de um território próprio — o que, em última instância, define sua sobrevivência no tempo e no espaço.

Por definição, uma instituição não existiria senão como um conjunto de práticas, ininterruptas, repetitivas e autolegitimadoras, entre seus atores concretos; práticas estas que regulamentam uma espécie de jurisdição imaginária em torno de um objeto específico.

Se entendemos também todo e qualquer exercício institucional como um triedro, envolvendo a equação *saber-fazer-poder*, havemos também de concordar com a autora que uma instituição, "no movimento mesmo de se legitimar, tece uma quase inevitável e invisível rede de sustentação e isolamento" (p.112).

Isolamento porque diz respeito à definição de um âmbito próprio, nos moldes de uma propriedade abstratamente privada, e sobre o qual se exerce um monopólio de poder: o manejo teórico, técnico e prático do objeto em questão.[2]

A invisibilidade, por sua vez, se faz em razão de as delimitações quanto a esse âmbito particular se constituírem fundamentalmente por meio de imagens que naturalizam a legitimidade desse monopólio: o reconhecimento imaginário dos protagonistas e público da cena institucional que a reinauguram cotidianamente.

A título de exemplificação, a autora relembra "o amplo reconhecimento que tem a educação via escola (na realidade, uma das invenções da época moderna); (...) tendemos em geral a 'naturalizá-la', torná-la absoluta como forma de dar conta de uma necessidade social. Sem dúvida, um efeito de absolutização imaginária daquilo que é socialmente produzido e, portanto, relativo" (ibid., p.113).

---

2. Pormenores sobre a definição de âmbito e objeto institucionais podem ser encontrados no primeiro capítulo do livro, de nossa autoria, *Confrontos na sala de aula*, ou diretamente nos textos de Marlene Guirado referenciados na bibliografia final deste artigo.

Isso significa que uma instituição, para se fazer reconhecer generalizadamente como detentora/produtora exclusiva ou prioritária de determinado objeto, precisa assegurar a legitimidade de tal posse/produção, a ponto de estender seu arcabouço teórico-técnico para além dos limites de seu território original. Nessa extrapolação estaria, inclusive, a dimensão de sua força.

Assim, na inevitável disputa com outras instituições pela reapropriação constante de seu objeto, toda prática institucional portaria um caráter plástico — e histórico, portanto — de dilatação ou contração de seu âmbito. Um bom exemplo disso são as relações atuais entre família e escola — no caso, as creches — diante da responsabilidade sobre a educação infantil. Ou, então, as relações nem sempre amistosas entre a escola e a mídia com vistas ao monopólio da informação.

Pois bem, é previsível que haja uma intensa circulação de conceitos, métodos, valores e ideais entre as instituições. Reza o dito popular: "de médico e de louco todo mundo tem um pouco"; a ele poderíamos acrescentar: dependendo da situação, também de juiz e réu, de pastor e fiel, de professor e aluno, e assim por diante. Mesmo sem nos apercebermos, estamos sempre posicionados em relação às diversas instituições que constituem o tecido social contemporâneo e nossas vidas em particular: delas somos seus *agentes*, responsáveis diretos por sua ação; ou seus *clientes*, o alvo imediato dessa ação; ou ainda seu *público*, aqueles que delas participam indiretamente, recolhendo seus efeitos.

Não é difícil atestar também que há um inevitável tráfego das diferentes ferramentas conceituais entre as instituições sociais, engendrando uma espécie de economia aberta, de importação e exportação discursivas. Em linhas gerais, a força de determinada instituição poderia ser avaliada — permitam-nos o uso abusivo das analogias — por sua "balança comercial". Quanto mais fortalecida, maiores serão sua endogenia e a difusão de seu arsenal teórico-técnico; em outras palavras, maior o seu poder de fogo. Foi o caso, por exemplo, da psicanálise neste século e o da medicina higienista no século passado.

Entretanto, o fator complicador que se nos apresenta é que a rede discursivo-conceitual, definidora por excelência do âmbito e objeto de uma instituição, "inspira cuidados, quando se trata de sua transposição ou ultrapassagem: o que se cultiva aqui nem sempre faz sentido ou sobrevive ali" (ibid., p.113).

A expansão dos limites institucionais, via migração conceitual, apresenta-se não raras as vezes de modo intrigante, uma vez que um conceito originalmente fecundo em certo campo prático pode, em outro, desencadear um uso à revelia, e até mesmo disparatado. Mais do que a pertinência do emprego dos conceitos, o importante é o tipo de (re)apropriação operado em um contexto externo e os efeitos, neste último, a serem verificados.

E, aqui reencontramos a questão já apontada da despotencialização institucional do contexto escolar. De quais outras instituições a escola estaria sendo refém nos dias atuais? A quais discursos ela vem se rendendo nos últimos tempos?

A patologização do cotidiano escolar

No que se refere à questão do erro/fracasso escolar, não há dúvida de que os discursos médico e psicológico têm sido aqueles que mais se fizeram alardear quanto ao isolamento conceitual dos famigerados, e, a nosso ver, obscuros, "distúrbios de aprendizagem", que podem se estender desde aqueles de origem neurológica até os cognitivos clássicos, passando pelos de natureza afetiva — estes de difícil, senão impossível, delimitação consensual no plano teórico.

É possível, inclusive, obter uma fatigante escala das variantes nosológicas de tais distúrbios em quaisquer das muitas obras recentes dedicadas à temática e a seu tangenciamento prático, que se abrigam genericamente sob o rótulo de "psicopedagogia".

Nesse sentido, poder-se-ia afirmar com certa segurança que a biologização e a psicologização das causas do erro/fracasso do aluno findaram por instaurar um amplo processo de *patologização* do cotidiano escolar — extrapolando o domínio discente, diga-se de passagem.

Caber-nos-ia, assim, indagar: o que faz com que tais concepções sejam assumidas com tanta credulidade pelos educadores? De onde emanariam tamanhas eficácia e aderência discursivas?

A resposta a tais questões talvez pudesse ser condensada em apenas um enunciado: na suposta cientificidade de que se imbuem o psicólogo, ou mesmo o recém-fundado psicopedagogo, e principalmente o médico, ao pontificarem sobre os distúrbios dos quais se apropriam, e sobre os quais assentam sua autoridade, na qualidade de especialistas.

Ora, talvez fosse mais honesto admitir que toda essa munição discursiva, dita científica, refere-se tão-somente a uma produção conceitual originária nos extramuros da escola, e que é tomada imaginariamente de empréstimo pelos protagonistas escolares — ou por inépcia ou por imposição à força. Em quaisquer dos casos, reafirma-se o flagrante embotamento institucional da escola contemporânea.

Ainda, vale ressaltar uma crítica que tem sido feita à discutível noção de legalidade científica como critério exclusivo de *verdade*.

No caso específico da psicologia, diz Osmyr F. Gabbi Jr. (1986, p.494): "para poderem fazer uma ciência do homem, os psicólogos são levados a tomá-lo com algo a-histórico, como algo que possa ser descrito com categorias a-históricas. (...) O resultado é uma moral imposta que se desconhece enquanto tal. As prescrições do psicólogo são dadas a partir de um aval autoconcedido de cientificidade e não como realmente são, ou seja, como diretivas morais".

Desse modo, a psicologização do cotidiano parece responder a uma insaciável vontade de impugnar uma "verdade", natural e profunda, aos diferentes desígnios humanos, transformando a aventura humana em algo do domínio científico, cognoscível e controlável portanto. O efeito, contudo, é uma acirrada normatização moral dos hábitos cotidianos.

"Acredita-se que ela [a psicologia] possa produzir essa verdade sobre o sujeito, que ela possa torná-lo bom filho, bom pai, bom esposo, bom trabalhador, bom cidadão, recentemente, bom amante etc. Não há aí uma certa promessa de felicidade? No lugar da salvação, não encontramos hoje a saúde?" (ibid., p.496) A uma extensa promessa de felicidade, poderíamos acrescentar certa porção de saúde pedagógica, que nos transformaria em melhores alunos e professores.

Ora, se a historicidade humana constitui o principal impedimento ao empreendimento psicológico, o que pensar de um projeto nos moldes "psicopedagógicos" diante da pontualidade das práticas escolares?

E quanto ao discurso médico, tão amplamente reconhecido como um patrimônio inequivocamente científico? Independentemente de suas bases científicas, o que nos importa destacar é o uso controvertido que dele se faz no dia-a-dia escolar. Vejamos um exemplo.

Há um tipo insidioso de recurso dessa ordem muito em voga nas escolas que "consiste em atribuir a características inerentes à criança sua não-alfabetização. Dentre essas características inatas ao aluno, sobressaem as biológicas, recaindo a responsabilidade pelos índices de reprovação e evasão em pretensas doenças que impediriam as crianças de aprender. A escola — entendida como instituição social concreta, integrante de um sistema sociopolítico concreto — apresenta-se como *vítima de uma clientela inadequada*" (Collares; Moysés, 1996, pp.26-27, grifos das autoras).

A abdicação de tarefas imediatamente escolares, como é o caso da alfabetização, em razão de supostos impedimentos de teor biológico "geralmente se manifesta colocando como causas do fracasso escolar quaisquer doenças das crianças. Desloca-se o eixo de uma discussão político-pedagógica para causas e soluções pretensamente médicas, portanto inacessíveis à Educação" (ibid., pp.27-28).

Nesse sentido, pode-se comprovar a imputação de uma causalidade múltipla, não apenas médica, aliás, ao erro/fracasso do aluno, que ultrapassa em muito o domínio escolar. Salvo melhor juízo, o insucesso do aluno — a nosso ver, *um* dos efeitos possíveis da relação professor-aluno — é atribuído quase exclusivamente a instâncias extra-institucionais: a criança e seus distúrbios, sua família, sua classe social, ou, em último caso, o contexto sociocultural mais amplo. Diante de tantas sobredeterminações, como seria possível ao educador atual enfrentar seu ofício de modo mais produtivo e menos heterônomo? Qual, enfim, a parte que lhe cabe nesse imenso latifúndio?

A nós, por hora, interessa pontuar o hibridismo, em termos institucionais, que assume o território escolar, quando crivado por dispositivos[3] ecléticos (como os psicológicos), herméticos (como os do discurso médico), ou então generalizantes (como os do discurso sociológico) — tendo como resultado a re/produção contínua do erro e do fracasso, e sendo estes naturalizados como efeitos inerentes à vivência escolar.

E quanto ao discurso pedagógico propriamente? Qual o grau de assujeitamento ou resistência a essas "palavras de ordem"? Como terão se portado os especialistas em educação?

Para que se possam esboçar algumas respostas a tais questões, permitam-nos um novo recuo teórico, dessa vez de cunho mais histórico.

A equação moderna escola/disciplina

Philippe Ariès, em *História social da criança e da família*, nos lega uma preciosa descrição da evolução da vida escolar, a partir dos tempos medievais. Diz ele: "a escola e o colégio que, na Idade Média, eram reservados a um pequeno número de clérigos e misturavam as diferentes idades dentro de um espírito de liberdade de costumes, se tornaram no início dos tempos modernos um meio de isolar cada vez mais as crianças durante um período de formação tanto moral como intelectual, de adestrá-las graças a uma disciplina mais autoritária, e, desse modo, separá-las da sociedade dos adultos" (1981, p.165).

A preocupação, informa-nos o autor, em isolar as crianças do convívio com os mais velhos, por meio da invenção, por exemplo, da repartição das idades em diferentes séries escolares se tornaria fundamental apenas a partir do século XIX. Para os medievais, no momento de ingresso na escola, a criança entrava automaticamente no mundo dos adultos.

Mais adiante, prossegue a descrição do espírito pedagógico da época: "E essa mistura de idades continuava fora da escola. A escola não cerceava o aluno. O mestre único, às vezes assistido por um auxiliar, e com uma única sala à sua disposição, não estava organizado para controlar a vida quotidiana de seus alunos. Estes, terminada a lição, escapavam à sua autoridade" (ibid., p.167).

Desencadeia-se, assim, uma transição do modelo escolar medieval — simples sala de aula onde se forrava o chão com palha, e os alunos aí se sentavam — ao padrão moderno[4] do *colégio*: instituição cuja complexi-

---

3. O conceito de dispositivo refere-se, aqui, a "um conjunto decididamente heterogêneo que engloba discursos, instituições, organizações arquitetônicas, decisões regulamentares, leis, medidas administrativas, enunciados científicos, proposições filosóficas. Em suma, o dito e não dito são os elementos do dispositivo. O dispositivo é a rede que se pode estabelecer entre esses elementos" (Foucault, 1979, p.244).

4. O termo moderno refere-se ao período histórico compreendido entre os séculos XVII e XIX.

dade foi ditada não apenas pelas transformações pedagógicas, mas também e fundamentalmente pelo controle, constante e rigoroso, do corpo (do) discente; leia-se, apenas crianças e jovens a partir de agora. Atrelados a tal movimento, dois ditames pedagógicos se tornaram fundantes: as noções de inocência/fraqueza da infância e da responsabilidade moral dos mestres. "O sistema disciplinar que elas [as noções acima] postulavam não se podia enraizar na antiga escola medieval, onde o mestre não se interessava pelo comportamento de seus alunos fora da sala de aula. (...) Seria o governo autoritário e hierarquizado dos colégios que permitiria, a partir do século XV, o estabelecimento e o desenvolvimento de um sistema disciplinar cada vez mais rigoroso. Para definir esse sistema, distinguiremos suas três características principais: a vigilância constante, a delação erigida em princípios de governo e em instituição, e a aplicação ampla de castigos corporais." (ibid., p.180)

É, pois, na introdução da noção de *disciplina*, apoiada no tripé vigilância-delação-punição, que reside, segundo Ariès, a principal diferença entre essas duas modalidades históricas de se conceber e efetivar o trabalho educacional. E, como se pode notar, enraíza-se nessa transformação boa parte das convicções pedagógicas que ainda hoje são testemunhadas nas salas de aula.

Dando uma guinada no tempo e no quadro conceitual, um pensador cujas contribuições são fundamentais para a compreensão do disciplinamento difuso, agora não só do ambiente escolar, que se desenvolveu a partir do final do século XVIII e início do século XIX, é Michel Foucault. A partir da hipótese da fundação de uma "sociedade disciplinar", o autor propõe, em *Vigiar e Punir* (1987, p.199), uma intrigante questão: "devemos ainda nos admirar que a prisão se pareça com as fábricas, com as escolas, com os quartéis, com os hospitais, e todos se pareçam com as prisões?".

Quais particularidades essas instituições portariam em comum?

As instituições disciplinares teriam se constituído, segundo Foucault, consonantes a procedimentos de controle bastante minuciosos. Dentre eles, destacamos aqueles voltados à racionalização do *espaço*, do *tempo* e dos *corpos* dos indivíduos sob sua tutela. Ainda, a título de exemplificação, evidenciaremos a materialização de tal tecnologia no contexto escolar.

O primeiro procedimento, e talvez o mais visível, refere-se à distribuição espacial e arquitetônica das instituições, que se deu por meio dos seguintes critérios:

• a especificação de uma certa reclusão, isto é, a edificação de um local heterogêneo a todos os outros e fechado em si mesmo: a construção de prédios especificamente escolares e seus portões, muros, corredores, alas etc.

• a organização de um espaço celular e analítico, tendendo este a ser quadriculado individualmente em tantas parcelas quanto for o número de

corpos a controlar, para que se possa assim "a cada instante vigiar o comportamento de cada um, apreciá-lo, sancioná-lo, medir as qualidades ou os méritos" (ibid., p.131): as salas de aula definidas por séries específicas, e dentro delas as carteiras designadas a cada qual.
• a classificação e a seriação espaciais, por meio da figura da fila, criando uma série de repartições distintas quanto à ocupação dos espaços, já que aquela "individualiza os corpos por uma localização que não os implanta, mas os distribui e os faz circular numa rede de relações" (ibid., p.133): os pelotões de entrada ou saída, ou ainda, dentro das classes, a distribuição dos alunos por fileiras, por proximidade/afastamento do professor, por subgrupos de trabalho etc.

Quanto ao controle das atividades corporais, constituem procedimentos disciplinares:
• o rigor dos horários, com vistas à constituição de um tempo das ações integralmente útil; "a exatidão e a aplicação são, com a regularidade, as virtudes fundamentais do tempo disciplinar" (ibid., p.137): os tempos cronometrados de entrada e saída, os intervalos, as saídas esporádicas da sala etc.
• o ritmo coletivo e obrigatório, produto da programação de uma série de gestos definidos aprioristicamente, por meio da definição da "posição do corpo, dos membros, das articulações; para cada movimento é determinada uma direção, uma ampliação, uma duração; é prescrita sua ordem de sucessão" (ibid., p.138): as exigências do próprio ato coletivo da escrita e da leitura, o manuseio sincronizado de materiais em sala de aula etc.
• a adequação dos gestos à atitude do corpo como um todo, na busca de uma contextualização global do corpo em ato e, conseqüentemente, maiores eficácia e rapidez; "no bom emprego do corpo, que permite um bom emprego do tempo, nada deve ficar ocioso ou inútil: tudo deve ser chamado a formar o suporte do ato requerido" (ibid., p.138): a postura corporal subjacente às ações, a maneira de se locomover, de se sentar, de escrever, de referir-se ao professor, aos colegas etc.
• a articulação corpo-objeto, que define as cuidadosas prescrições que o corpo deve manter com o objeto que é manipulado, de acordo com uma precisa codificação instrumental no que tange a seu manejo: o melhor exemplo é a caligrafia, ou o manuseio de alguns materiais escolares, o asseio do caderno etc.
• a utilização exaustiva, objetivando intensificar o uso do tempo despendido nas atividades, ou seja, encontrar na rapidez uma virtude: os prazos para entrega das tarefas, a fidelidade e assiduidade ao cronograma de atividades, os exercícios realizados em sala, os trabalhos em grupo etc.

Ainda, no que se refere à organização temporal, segundo Foucault, "os procedimentos disciplinares revelam um tempo linear cujos momentos se integram uns nos outros, e que se orienta para um ponto terminável

e estável. Em suma, um tempo 'evolutivo'" (ibid., p.145). Tais procedimentos são da seguinte ordem:
• a segmentação seqüencial do tempo, em múltiplos estágios sucessivos ou paralelos: os níveis e subníveis de ensino (pré-escolar, fundamental, médio, superior, pós-graduação, pós-doutorado etc.).
• a organização progressiva dos diversos segmentos temporais, de acordo com uma complexidade crescente: os níveis de ensino subdivididos em séries, semestres, termos etc.
• a subsegmentação de cada estágio, decompondo até os mais simples elementos de cada fase e hierarquizando-os no maior número possível de graus: o calendário escolar, dividido em semestres, bimestres, meses, dias letivos e horas-aula, e estas de acordo com cursos, disciplinas, módulos, blocos, unidades temáticas, aulas etc.
• a fixação de um término para tais segmentos, por meio de uma prova, indicando se o indivíduo atingiu o nível preconizado, se sua aprendizagem está em conformidade com a dos demais, e a diferenciação de suas capacidades em relação aos outros: as avaliações, verificações, exames finais, trabalhos de conclusão de curso etc.

A partir de nosso inventário analítico até aqui, poder-se-ia concluir inadvertidamente que as escolas, em comparação com as outras instituições sociais, apresentariam um caráter mais austero, mais poroso à contenção e ao controle dos sujeitos por ela abarcados. Guardadas as devidas particularidades, fábricas, quartéis, hospitais, manicômios, asilos, prisões, reformatórios e escolas comungam de uma semelhante "economia disciplinar", digamos assim. Nelas há um *modus operandi* ao mesmo tempo comum e peculiar, que as autoriza e as legitima como instituições, e que se sacramenta no dia-a-dia.

Que não se imagine, contudo, que essa maneira de as instituições funcionarem é exclusivamente repressiva, limitadora dos atos. Ela é, antes de mais nada, produtora desses atos, suporte invisível do fazer, e aquilo que lhe confere seu significado último.

Em termos gerais, a isso poder-se-ia denominar "poder", nos termos foucaultianos. Não mais uma substância macrocósmica, indivisível e loteada por alguns, mas feixe de relações de força, múltiplo, e, em certa medida, partilhado e exercido por todos. Não mais substantivo guardado, mas verbo conjugado em tempo, espaço e corpos concretos.

"Temos que deixar de descrever sempre os efeitos de poder em termos negativos: ele 'exclui', 'reprime', 'recalca', 'censura', 'abstrai', 'mascara', 'esconde'. Na verdade o poder produz; ele produz realidade; produz campos de objetos e rituais da verdade. O indivíduo e o conhecimento que dele se pode ter se originam nessa produção." (ibid., p.172)

Ainda, de acordo com o autor, a eficácia do poder disciplinar se deve ao emprego sistemático de instrumentos bastante corriqueiros: a *vigilân-*

cia (hierárquica, contínua e silenciosa), a *punição* (corretiva, diferenciadora e normalizadora), e a combinação de ambas num procedimento específico, o *exame*.

Sobre esse intrincado conceito, o próprio Foucault, em A *verdade e as formas jurídicas* (p.88), esclarece o seguinte: trata-se "de algo, ou antes, de alguém que se deve vigiar sem interrupção e totalmente. Vigilância permanente sobre os indivíduos por alguém que exerce sobre eles um poder — mestre-escola, chefe de oficina, médico, psiquiatra, diretor de prisão — e que, enquanto exerce esse poder, tem a possibilidade tanto de vigiar quanto de constituir, sobre aqueles que vigia, a respeito deles, um saber. (...) Ele [o saber] se ordena em torno da norma, em termos do que é normal ou não, correto ou não, do que se deve ou não fazer".

Note-se que as instituições disciplinares, no próprio movimento repartir/comparar/diferenciar/hierarquizar, individualizam a condição humana, forjando duplamente a *norma* e o *sujeito* da norma. Isso faz com que surja, pela primeira vez na história humana, essa figura emblemática — o homem — como produto das relações de poder, mas também e fundamentalmente como objeto de saber. A propósito, poder e saber, com Foucault, passam a constituir um binômio indissociável.

No que concerne às intenções deste texto, cabe-nos priorizar o conceito de exame, uma vez que ele guarda estreita relação com a constituição tanto do campo propriamente pedagógico, quanto do sujeito do erro/fracasso escolar.

Isso significa que, por meio da disseminação das técnicas de exame no cotidiano escolar, o campo pedagógico propiciou a inauguração de um conjunto, intensamente documentário, de saberes sobre o aluno "ligado aos traços, às medidas, aos desvios, às 'notas' que o caracterizam e fazem dele, de qualquer modo, um 'caso'" (1987, p.171). Além disso, ensina-nos Foucault, "a era da escola 'examinatória' marcou o início de uma pedagogia que funciona como ciência" (ibid., p.166).

Assim, pode-se deduzir que os processos avaliativos constituem, seguramente, uma das expressões mais evidentes do impacto das técnicas examinatórias no contexto escolar. É por meio da avaliação que se torna possível conhecer e controlar cada qual dos alunos, catalogando-os individualmente, e dispondo-os lado a lado, de acordo com o quadro de competências esperadas. Vale pontuar, também, a inevitável (co)existência da figura do aluno desviante, anômalo, filho da desordem, como avesso complementar da do aluno exemplar, mediano, filho da norma: ambos cativos da mesma malha avaliatória que parece demarcar a escola, atualmente, como instituição.

Estão fundados, num só golpe, a avaliação escolar e o "aluno-problema" — salvação e danação dos educadores!

Avaliar: a ordem do dia escolar

Quando, nos dias de hoje, se pensa em educação, talvez a imagem que resuma mais claramente a *mise-en-scène* escolar contemporâneo seja a de um professor e seus alunos às voltas com uma "prova". Angariar ou atribuir "boas notas" parece ser, em última instância e na maioria das vezes, a justificativa e o objetivo únicos do trabalho escolar. Escolas, professores e alunos maniacamente preocupados com o vestibular são um bom exemplo do fetichismo deste obscuro verbo: avaliar.

Outro dado espantoso é a proliferação discursiva em torno de uma necessidade generalizada de avaliar. Aliás, tem-se investido muita energia, desde os órgãos estatais até a camada discente, em discussões sobre a avaliação dos diferentes âmbitos ou segmentos implicados no trabalho escolar. Na busca de um pretenso intercâmbio público de análises confiáveis, porque técnicas, avaliam-se alunos, professores, disciplinas, currículos, cursos, instituições, programas e sistemas educacionais. De cima a baixo e transversalmente, todos parecem querer avaliar e ser avaliados, enredados numa espécie de avalanche avaliativa que se abate sobre nossos espíritos e mentes.

De qualquer modo, o que parece obstinar a todos é a possibilidade de chegada a resultados "objetivos" e à suposta eficácia institucional que a partir deles se poderia vislumbrar. Isso demonstra que há em curso, no interior das relações escolares, uma tentativa de naturalização do ato avaliativo como regulador exclusivo ou prioritário do trabalho escolar, ou seja, uma torção imaginária com vistas ao hiperdimensionamento de apenas um dos tantos usos e costumes institucionais escolares.

Entretanto, tais fatos não são de se estranhar inteiramente depois de termos percorrido um trajeto teórico como o foucaultiano. Poder-se-ia concluir apressada e conformadamente: "ora, as instituições disciplinares funcionam assim; seu estatuto está formulado a partir da idéia de exame, e ponto final". Se for o caso, esse raciocínio merece alguns reparos. Partamos de uma situação exemplar.

"Pensemos, a título de exemplo, numa das provas que aplicamos para verificação de conhecimentos acumulados pelos alunos, num de nossos cursos. Pela disposição espacial dos corpos, há o destaque do professor, no lugar físico a ele destinado. Todos o vêem e podem acompanhar seu deslocamento e ele, mais que qualquer outra pessoa da sala, tem uma visão global do campo, de seus ocupantes e de pequenos movimentos que porventura venham a fazer. É só não dormir em pé! Quero dizer, é só não fechar os olhos e o próprio exercício do exame, ou da prova, disciplinará." (Guirado, 1996, pp.64-65)

Como se pode subtrair da configuração acima, há todo um *em torno* disciplinar que ultrapassa os elementos isolados do cenário avaliativo: está na distribuição arquitetônica, no movimento do olhar que checa movimentos, na disposição espacial de cada qual, além, é claro, do propósito imediato de suas ações. Irmanados, avaliador e avaliados se confundem.

Pode-se verificar, ademais, que os procedimentos avaliativos constituem, na melhor hipótese, apenas uma das dimensões das práticas examinatórias no contexto escolar. O princípio do exame é muito mais abrangente do que a avaliação. Outrossim, ele constitui uma certa *ética* das instituições disciplinares que se presentifica nos atos mais costumeiros, autoconsentidos, silenciosos até.

Trata-se muito mais de observar e ser observado, de comparar e ser comparado, de se diferenciar e ser diferenciado, de assumir, enfim, um lugar nas relações, em contraposição e complementaridade, aos outros. E isso está pressuposto na avaliação, mas a ultrapassa em muito. Claro está, portanto, que o efeito da avaliação escolar, em termos disciplinares, talvez não seja nem o maior e nem o mais eficaz.

Mesmo assim, grande parte das preocupações tanto dos especialistas em educação quanto dos protagonistas escolares fundamenta-se em um obcecado lema: "avaliar mais e melhor". E são preocupações de diferentes ordens: uma que diz respeito ao processo avaliativo (quando avaliar), e outra com relação ao uso multivariado das opções técnicas disponíveis (como avaliar).

Quanto à segunda, pode-se contemplar uma extenuante profusão de técnicas díspares — indo desde as clássicas até as mais arrojadas, ou das subjetivas às mais objetivas etc. — constituindo-se, assim, uma espécie de mercado persa de possibilidades avaliativas.

A opção por esta ou aquela técnica, empregável de modo avulso ou combinado, dar-se-ia de acordo com a concepção de processo que se tenha (diagnóstico/inicial, formativo/ processual, ou somativo/terminal). Vide alguns exemplos da parafernália de técnicas avaliativas à disposição:

Provas individuais com ou sem consulta; provas grupais com ou sem consulta; provas orais individuais ou em grupo; provas práticas ou situacionais; testes de múltipla escolha; desempenho individual ou grupal em seminários; relatórios/fichamentos/resumos de textos teóricos e/ou de atividades práticas; trabalhos escritos individuais ou em grupo; exercícios e minitrabalhos realizados em aula ou fora dela; atividades práticas e/ou vivências realizadas em aula ou fora dela; participação nas atividades de sala de aula; assiduidade às aulas; auto-avaliação; etc. etc. etc.

Convenhamos, apesar da proliferação das formas avaliativas, desembocamos em um labirinto, uma vez que apenas rara ou esporadicamente vêem-se discutidas as finalidades da avaliação (para quê). Terminada a maratona avaliatória e de posse de seus resultados, quase sempre retorna-se à velha fórmula: "aprovado ou reprovado". Por que, então, tamanha sofisticação técnica? Em nome do que se avalia tanto e de modos tão variados?

Independentemente das concepções que se tenha acerca da natureza do ato avaliativo e seus desdobramentos técnicos, o fato é que em todas elas subjaz a crença, ou a suposição, de que pela avaliação poder-se-ia aceder aos meandros de um mundo interno e secreto do sujeito-aprendiz. E mais, que essas descobertas poderiam ser aferidas, convertidas em um saber mensurável, quantificável. E que, sendo assim, uma certa visão de futuro (prognóstica, leia-se) pudesse ser atingida.

É muito comum ouvir dos educadores que é necessário avaliar a criança ou o jovem "como um todo". O que se quer expressar com um enunciado desse tipo? Talvez que se deva penetrar em múltiplos e imponderáveis "âmagos" humanos, para que só assim o empreendimento educacional se efetive a contento. E é a essa insólita "sede de verdade" que os discursos psicológicos, médicos, e mais recentemente os sociopolíticos, parecem responder.

Isso equivale a dizer que, na demanda mesma de um super saber sobre a *criança* em particular, o que se cria no discurso pedagógico é um imenso dessaber pelo *aluno* em geral, confundindo-se o âmbito de competências da educação escolar com os de outras práticas afins. É o aluno que, na escola, se torna organismo/filho/pessoa/cidadão para então, e só assim, voltar a ser aluno. Sobreviverá ele a toda essa peregrinação conceitual?

Ora, não é necessário apontar o efeito colateral mais óbvio de tal *tour* por tantos e tão diferentes discursos/instituições: a figura do "aluno-problema" se alastra, instalando uma atmosfera de estranheza, estigmatização e exclusão pedagógicas. É o caso de nossos aluno e professora do início deste texto.

E reafirmamos novamente a premissa anterior de que, na produção de um conjunto de saberes *sobre* o sujeito, são os próprios *sujeitos* que se fundam no interior das práticas instituídas (sempre instituintes, portanto) da escolarização.

Poder, saber e subjetividade em íntima implicação, mutuamente enraizados, engendrando realidades e provocando diferenças.

Longa vida, então, ao "aluno-problema"!

Fracasso escolar, fracasso de quem?

Discorremos até aqui sobre os efeitos da importação de outros discursos pela instituição escolar, no que se refere à retroalimentação imaginária da figura do "aluno-problema". Tentamos demonstrar, a partir do alastramento dessa imagem/conceito obscura e ao mesmo tempo tão evidente, como os protagonistas escolares têm se permitido capturar por expectativas que findam por descontextualizar e despotencializar os limites e possibilidades concretas da ação pedagógica.

Disso decorre que a visibilidade e a positividade do trabalho escolar apresentam-se de maneira inversamente proporcional ao fortalecimento de outros olhares sobre a escolarização, tendo como efeito último a negativização, digamos assim, daquele.

Por essa razão, não é raro que a apreensão do cotidiano escolar atual, por parte dos seus protagonistas, evoque insatisfação, insuficiência, desalento, quando não calamidade. E disso os fenômenos do erro e fracasso parecem ser os herdeiros mais diretos. Quais alternativas de enfrentamento, entretanto, poder-se-iam vislumbrar para uma problemática tão delicada? A nosso ver, apenas uma: o trabalho do dia-a-dia centrado exclusivamente no *conhecimento*, prioridade e privilégio, a rigor, do âmbito escolar.

Em outro texto, dedicado à questão da indisciplina escolar, afirmávamos que "toda aula pode tornar-se uma espécie de roteiro do traçado de determinado campo conceitual, muito além da mera narrativa dos produtos deste traçado, que geralmente se dá sob a forma de um conjunto de informações, fórmulas, axiomas e leis já prontas. O objetivo da educação escolar torna-se, assim, mais uma disposição para a (re)construção dos campos epistêmicos das diferentes disciplinas, do que a reposição de um pacote de informações perenes, estáveis. É preciso, pois, reinventar continuamente os conteúdos, as metodologias, a relação. E isto também é conhecimento!" (Aquino, 1996b, pp.52-53).

A esse último enunciado podemos, agora, acrescentar: é preciso reinventar (o termo mais apropriado talvez fosse "desinventar") os processos de avaliação, pois eles certamente representam o nó górdio da *fabricação pedagógica* do erro/fracasso escolar.

Se partirmos do pressuposto (óbvio mas freqüentemente esquecido na prática) de que o conhecimento é o substrato primordial das ações escolares, haveremos também de admitir que a avaliação é, no limite máximo, apenas um de seus desdobramentos, jamais seu objetivo intrínseco. Aliás, o ato de conhecer dispensa propósitos imediatos, objetivos e mensuráveis, posto que ele se justifica como um empreendimento miscigenador, de mestiçagem entre o sujeito e o(s) objeto(s) do conhecimento; logo, um traçado mais à deriva de possibilidades do que à espreita de certezas.[5]

Diante disso, cabe-nos reafirmar que "o papel da escola, então, passa a ser o de fermentar a experiência do sujeito perante a incansável aventura humana de *desconstrução e reconstrução* dos processos imanentes à realidade dos fatos cotidianos, na incessante busca de uma visão mais dilatada de suas múltiplas determinações e dos diferentes pontos de vista sobre eles. Isso, a nosso ver, define o conhecimento no seu sentido lato" (Aquino, ibid., p.52).

Vale ressaltar, assim, a proposta de que a *sala de aula* seja o fôro privilegiado de produção do conhecimento, que a *relação professor-alu-*

---

5. A esse respeito, consultar nosso artigo *Mestiçagem e conhecimento: o "efeito-Macabéa"*.

107

no seja seu núcleo concreto de consecução, e que o *contrato pedagógico* seja seu lastro cotidiano.[6]

Ao insistirmos na quadratura conhecimento/sala de aula/relação professor-aluno/contrato pedagógico como estruturante do trabalho escolar, estamos sugerindo que a escola, nos limites de sua ação cotidiana, fortaleça o âmbito específico de suas competências e faça valer os efeitos que todos, gregos ou troianos, esperamos.

A título de encerramento, imaginemos, numa manobra ficcional extrema, se Sócrates, Rousseau ou qualquer outro precursor do discurso pedagógico contemporâneo deparasse com a imponderável necessidade de avaliar seus discípulos, ou ser por eles avaliado. O que fariam? Em quais critérios se apoiariam? Quais notas ou conceitos atribuiriam? Atônitos, talvez se compadecessem de nossa ingenuidade ou, salvo melhor juízo, nossa insensatez.

Vê-se, portanto e afinal, que o cotidiano escolar pode perfeitamente comportar uma ênfase menos meritocrática e mais epistêmica. Mesmo porque, numa "retenção" ao final de um ano letivo, algo de todos nós — professores, alunos, técnicos, dirigentes, ou teóricos — está sendo igualmente rechaçado ou, no mínimo, colocado *sub judice*.

De mais a mais, toda recusa ao trabalho escolar comporta uma espécie de *mal-estar* institucional. Ou melhor, deveria comportar.

Bibliografia

AQUINO, J.G. (1996a) *Confrontos na sala de aula:* uma leitura institucional da relação professor-aluno. São Paulo: Summus, 1996.

―――― (1996b) A desordem na relação professor-aluno: indisciplina, moralidade e conhecimento. In: _____ (org.) *Indisciplina na escola:* alternativas teóricas e práticas. São Paulo: Summus, 1996, pp.39-55.

_____ (1994) Conhecimento e mestiçagem: o "efeito-Macabéa". *Cadernos de subjetividade*. São Paulo: Pontifícia Universidade Católica de São Paulo, v.2, n.1-2, pp.101-106.

ARIÉS, P. (1981) *História social da criança e da família*. 2ª ed., Rio de Janeiro: Guanabara.

COLLARES, C.A.L.; MIYSÉS, M.A.A. (1996) *Preconceitos no cotidiano escolar:* ensino e medicalização. São Paulo: Cortez, Campinas: Faculdade de Educação, Faculdade de Ciências Médicas.

FOUCAULT, M. (1996) *A verdade e as formas jurídicas*. Rio de Janeiro: Nau.

---

6. Esclarecimentos adicionais sobre as temáticas da relação professor-aluno e do contrato pedagógico podem ser obtidos no artigo, de nossa autoria, *A desordem na relação professor-aluno: indisciplina, moralidade e conhecimento*, incluso no livro *Indisciplina na escola: alternativas teóricas e práticas*.

FOUCAULT, M. (1987) *Vigiar e punir:* o nascimento da prisão. Petrópolis: Vozes.
────── (1979) *Microfísica do poder*. Rio de Janeiro: Graal.
GABRI JR., O.F. (1986) O que é psicologia? Leis, regras e a psicologização do cotidiano. *Ciência e Cultura*, São Paulo, v.38, n.3, pp.489-496.
GUIRADO, M. (1996) Poder indisciplina: os surpreendentes rumos da relação de poder. In: AQUINO, J.G. (org.) *Indisciplina na escola:* alternativas teóricas e práticas. São Paulo: Summus, pp.57-71.
────── (1995) *Psicanálise e análise do discurso*: matrizes institucionais do sujeito psíquico. São Paulo: Summus.
────── (1987) *Psicologia institucional*. São Paulo: EPU.

Para além do fracasso escolar:
uma redefinição das práticas avaliativas

Marli E. D. A. André*
Laurizete F. Passos**

Com que propósito tem sido usada a avaliação no cotidiano de nossas escolas? Com o objetivo de aprovar/reprovar os alunos, acentuando as diferenças de capital cultural que esses alunos trazem ao ingressar na escola? Ou a avaliação tem servido para obter informações sobre os avanços e as dificuldades de cada aluno, para mostrar o que já foi conseguido e o que pode ser melhorado? Em síntese, a avaliação tem sido usada como arma de poder e juízo final, ou como "um processo permanente de sustentação da aprendizagem do aluno", como afirma Demo (1995, p.327), agindo de forma preventiva e estratégica para que o saber possa ser apropriado por todos?

Pretendemos, na primeira parte deste capítulo, destacar alguns dados de pesquisas que retratam o fenômeno da avaliação nas escolas hoje e situar esses dados nas discussões correntes da literatura pedagógica. Em seguida tentaremos esboçar uma proposta de reestruturação das práticas avaliativas, apoiando-nos nos escritos do sociólogo suíço Philippe Perrenoud. Na terceira parte do texto procuraremos apresentar cenas da prática docente de uma professora, mostrando uma das alternativas de concretização da proposta apresentada.

Situando a problemática da avaliação escolar

Uma pesquisa recente, que envolveu observação, durante um ano letivo, em salas de aula de 5ª série (Dias da Silva, 1992) da escola pública paulista identificou a avaliação como um dos núcleos simbólicos da prá-

---

* Pedagoga, doutora em educação pela Universidade de Illinois (EUA), e professora titular da Faculdade de Educação da USP. É autora de *Etnografia da prática escolar* (Papirus, 1996) e co-autora de *Pesquisa em educação: abordagens qualitativas* (EPU, 1986).

** Pedagoga, doutora em educação pela Faculdade de Educação da USP. Atualmente é docente na UNESP-Rio Claro. Co-autora de *Indisciplina na escola: alternativas teóricas e práticas* (Summus, 1996).

111

tica docente, ou seja, como uma das problemáticas centrais com as quais os professores lidam no seu trabalho diário; demostrando que:
- a avaliação baseia-se quase exclusivamente no resultado das provas;
- a linguagem das provas é, em geral, acadêmica e formal — muito diferente da linguagem usada nos exercícios e no dia-a-dia da sala de aula;
- a prova é usada para ameaçar e punir;
- o erro jamais é explorado no sentido construtivo;
- a recuperação é mal-entendida e mal-aproveitada;
- a professora sofre com o insucesso do aluno, mas não sabe o que fazer para mudar.

Outra pesquisa coordenada por Lüdke e Mediano (1992), que também incluiu observação em salas de aula das primeiras séries do 1º grau de uma escola carioca, indicou:
- a existência, entre os professores, de uma concepção muito "elástica" de avaliação, que dizem avaliar "tudo" — o que revela o grande poder da avaliação;
- a enorme precariedade nos procedimentos de avaliação; por exemplo, instrumentos falhos, mal-elaborados, focalizando apenas aspectos cognitivos;
- a falta de entendimento do papel formativo (educativo) da avaliação;
- a inexistência de inovações e experimentos quanto ao processo de avaliação;
- condicionantes estruturais como a divisão em séries, a separação em segmentos, a organização em disciplinas que afetam drástica e negativamente a avaliação.

A descrição de como ocorre a avaliação nas escolas está também presente nos textos de Luckesi (1995) quando afirma que a avaliação:
- tem assumido uma função essencialmente classificatória, servindo apenas para definir os alunos que devem ser aprovados ou reprovados;
- tem confirmado a profecia auto-realizadora dos professores, ou seja, tem sido usada para reforçar as previsões feitas sobre quem são os bons e os maus alunos;
- tem cumprido um papel disciplinador e autoritário ficando todo o poder nas mãos do professor, que, utilizando critérios arbitrários e instrumentos falhos, define o destino escolar do aluno.

Tais afirmações e dados de pesquisas sugerem uma associação entre avaliação e fracasso escolar no mesmo sentido que vem sendo apontado por autores europeus como Enguita (1989), Gimeno Sacristán (1992) e Perrenoud (1992, 1990).

Enguita nos alerta para questões como a hierarquização dos saberes cobrados pela avaliação: alguns são considerados mais nobres, outros menos relevantes, estando essa hierarquia presente na própria organização do horário escolar, que, não raro, distribui as disciplinas de acordo com seu grau de prestígio. O autor alerta ainda para a existência de uma atitude resignada, por parte dos professores, frente à identidade *destino social = destino escolar* dos alunos, e denuncia o efeito perverso que pode ter um tratamento uniforme dado a todos os alunos, o que só irá contribuir para acentuar as desigualdades de origem.

Revelando também uma grande preocupação com o papel da avaliação escolar no fortalecimento das desigualdades sociais que se transformam em desigualdades escolares, Perrenoud (1990) procura explicar como elas vão sendo fabricadas pela escola e, para isso, toma emprestado de Bourdieu a noção de "capital cultural" e de "habitus".

O *capital cultural*, segundo ele, constitui, em um sentido muito amplo a memória do indivíduo — suas aquisições, que são fruto de aprendizagens constantes. No centro do capital cultural se encontra o *habitus*, descrito por ele como "o sistema de disposições, costumes, gostos, atitudes, necessidades, estruturas lógicas, simbólicas e lingüísticas e esquemas perceptivos de avaliação, de pensamento e de ação" (p.48). E ele explica: cada criança, ao ingressar na escola, leva consigo um capital cultural, uma bagagem de conhecimentos e aprendizagens que a difere das demais. Ao tratar todas as crianças como iguais, a escola ratifica as desigualdades culturais iniciais e vai transformando as desigualdades de aprendizagem em desigualdades de capital escolar.

Outro conceito importante para entender o poder e a função social da avaliação é o que Perrenoud chama de *"fabricação da excelência escolar"*. Segundo ele, como outras instituições da sociedade, a escola define um conjunto de normas de excelência em torno das quais se pauta a avaliação. Essas normas ensejam comparações entre os indivíduos e, em conseqüência, o estabelecimento de hierarquias, conforme o maior ou menor grau de aproximação à norma.

Assim, desde as primeiras séries, os alunos aprendem a se comparar e a se situar frente às normas de excelência estabelecidas pela escola, e vão fazendo as classificações: escrever bem, por exemplo, é seguir as normas definidas pela escola sobre o que significa uma boa escrita; desenhar bem é fazer aquilo que a norma define como o bom desenho, e assim por diante. Quando as tarefas são as mesmas para todos e as condições similares, as diferenças de desempenho ficam mais claras e a hierarquização aparece mais rapidamente. O professor, quer queira, quer não, encarna a norma. Dificilmente ele conseguirá orientar o trabalho dos alunos sem emitir implícita ou explicitamente um juízo de valor.

Perrenoud insiste na idéia de *fabricação* da excelência escolar para evidenciar que os juízos e hierarquias escolares, como todas as representações, são resultado de uma construção cultural, intelectual e social, em parte codificadas pela instituição e em parte inventadas pelas pessoas, no caso, os professores. Ele explica que usa esse termo como uma metáfora para chamar a atenção ao poder que têm as organizações para construir representações da realidade e impô-las a seus membros como se fossem a única forma de ver a realidade.

Em nenhum momento essas normas e juízos aparecem como *um*, entre outros possíveis pontos de vista. E ele afirma: "O poder da organização escolar, que evidentemente deriva do sistema político, consiste em fazer de uma criança que se equivoca com as retas, que não concorda o verbo com o sujeito ou não domina o pretérito simples, um 'mau aluno'" (Perrenoud, 1990, p.18).

Em geral, dá-se grande peso aos julgamentos do professor, esquecendo-se de que eles são atravessados por *esquemas mediadores,* como diz Gimeno Sacristán (1992). Ou seja, mesmo quando estão apoiados em instrumentos objetivos como testes, provas ou escalas de avaliação, eles passam por um processo de filtragem do professor. Os juízos de valor, que dão base à avaliação, são matizados pela opinião pessoal do professor, por aquilo que ele valoriza, por suas simpatias, empatias ou antipatias em relação ao aluno, por seus preconceitos, por suas concepções e crenças. Alguns valorizam a capacidade de argumentação do aluno, outros a resposta correta, uns a ortografia, outros a expressão escrita, alguns o conceito, outros a técnica. Isso é um efeito das percepções humanas, diz Gimeno Sacristán, e é delas que se nutre a avaliação. Por isso mesmo, argumenta o autor: "a forma de melhorar a avaliação nas escolas mais do que um problema de técnicas é um problema de auto-análise, de depuração desses esquemas mediadores em cada professor e no *ethos* pedagógico coletivo" (p.350).

Reconhecer a existência dessas mediações, assumi-las, criticá-las, é, sem dúvida, um passo importante, pois "através desses mediadores se reproduzem as ideologias pedagógicas, o conceito de conhecimento relevante, o que é uma aprendizagem valiosa e as relações sociais dominantes" (ibid., p.350).

Se as normas que orientam a formulação de juízos de valor, que constituem a base da avaliação, são construções afetadas por fatores psicológicos, componentes axiológicos e valores institucionais e sociais, é preciso, antes de tudo, relativizar o seu poder e sua autoridade, tentando diminuir seu peso na produção do fracasso escolar. É preciso desmistificar a objetividade freqüentemente associada à avaliação, denunciar os matizes pessoais que atravessam os julgamentos que lhe servem de base, procurando, assim, não só amenizar o desastre que a avaliação costuma produzir nas relações sociais construídas no cotidiano escolar, mas sobretudo reduzir seus efeitos na fabricação das desigualdades.

Se é importante identificar esses mecanismos, anunciá-los, criticá-los, mais importante ainda é tentar superá-los. Uma possibilidade é procurar tornar públicos os valores e normas institucionais, submetê-los a um processo de discussão por parte de todos os agentes escolares, de modo que eles sejam construídos em conjunto e, portanto, possam ser assumidos pelo coletivo, diminuindo o peso da mediação pessoal/individual, do critério arbitrário, e abrindo caminhos para a publicização dos julgamentos.

Propostas para reformulação das práticas avaliativas

Entre os autores que vêm criticando a avaliação, como instrumento de seleção e de distribuição dos alunos segundo as hierarquias de excelência, destaca-se o já citado Phillipe Perrenoud, que propõe, em contrapartida, a *diferenciação no ensino* e a *observação formativa* como instrumentos de regulação das aprendizagens e da ação didática; regulação entendida como intervenção que se realiza num tempo e num espaço, que possibilite a superação das dificuldades e o domínio das aprendizagens fundamentais.

A proposição que aqui faremos, de reestruturação nas práticas avaliativas vigentes em salas de aula, inspira-se muito proximamente nas idéias de Perrenoud (1992). Um alerta, porém, é necessário: assim como o autor, acreditamos que mudar a avaliação significa mudar a escola, senão totalmente pelo menos o suficiente "para que não nos envolvamos ingenuamente na mudança das práticas de avaliação sem nos preocuparmos com o que as torna possíveis ou as limita" (p.156).

Perrenoud aponta para a necessidade de haver uma mudança global na organização da instituição, afetando, entre outras coisas, a separação imposta pela avaliação formal, entre o momento de aprender e o momento de avaliar, entre o ensino homogeneizado e o ensino diferenciado, entre a codificação imposta pela nota e o que o aluno sabe realmente, e, sobretudo, uma mudança significativa nas relações escolares.

Dessa mesma preocupação compartilha a pesquisadora paulista Ana Maria Saul (1994), que considera necessário discutir a questão da avaliação no conjunto das mudanças que devem ocorrer na escola. Segundo a autora, a avaliação precisa deixar de ser a grande vilã da escola brasileira para ser pensada como uma grande janela pela qual se entra para alterar as ações e relações escolares, ou seja, o projeto pedagógico.

É dentro dessa mesma perspectiva de modificação na estrutura e na organização das práticas escolares que focalizaremos o tema da avaliação: como uma porta de entrada para discutirmos alternativas e possibilidades de superação do fracasso escolar ainda tão presente em nossas escolas hoje. Pensar o que temos e tentar esboçar a escola que queremos — esses são nossos desafio e proposta.

Ensino diferenciado e observação formativa: a proposta de Perrenoud

Philippe Perrenoud é professor na Faculdade de Psicologia e Ciências da Educação da Universidade de Genebra, Suíça, onde leciona Sociologia do Currículo e das Práticas Pedagógicas. Suas pesquisas sobre os mecanismos que levam a escola a transformar as desigualdades sociais e culturais em desigualdades de resultados escolares o levaram a se interessar também por temas como: a formação do professor, a avaliação formativa, o currículo, o trabalho pedagógico nas escolas e os ciclos escolares.

Embora seus escritos tenham como referência a realidade da escola européia, suas preocupações básicas são muito similares às nossas e suas propostas parecem muito promissoras no sentido de nos ajudar a compreender o trabalho cotidiano de alunos e professores, assim como a encontrar meios de construir uma escola pública de qualidade para a maioria dos alunos. As idéias de Perrenoud ajudam a abrir caminhos para enfrentar desafios muitos sérios do ensino hoje, tais como: é possível atender adequadamente à diversidade dos alunos que freqüentam a escola pública hoje? Como superar o fracasso escolar ainda tão presente em nossas escolas?

Em seu recente livro, ainda não editado no Brasil, intitulado *Pedagogia na escola das diferenças,* Perrenoud argumenta que toda situação didática proposta ou imposta de maneira uniforme a todos os alunos será fatalmente inadequada para um grupo deles. Para alguns, fácil demais; para outros, difícil demais. Mesmo que a situação esteja adequada ao nível de desenvolvimento cognitivo dos alunos, ela pode parecer sem sentido para uns, sem valor ou sem interesse para outros, a ponto de não engendrar nenhuma atividade intelectual notável e, portanto, não promover a construção de conhecimentos novos. Daí a importância do ensino diferenciado.

Diferenciar o ensino, diz Perrenoud, "é organizar as interações e atividades de modo que cada aluno se defronte constantemente com situações didáticas que lhe sejam as mais fecundas" (1995, p.28).

Isso não significa condenar a uniformidade de conteúdos, explica ele, pois "pode-se atingir as mesmas competências por caminhos diversos. Diferenciação, diz ele, não é sinônimo de individualização do ensino. É evidente que não se pode falar em diferenciação sem gestão individualizada do processo de aprendizagem, mas isso não significa que os alunos vão trabalhar individualmente, o que acontece é que o *acompanhamento e os percursos são individualizados*" (ibid., p.29, grifos nossos).

A diferenciação não desconhece a força do grupo como oportunidade de educação mútua e de aprendizagem. Ao contrário, diz Perrenoud, o professor deve, como animador, ajudar o grupo a construir a sua identidade coletiva, a aprender a trabalhar cooperativamente, a tomar consciência de suas diferenças e desigualdades e a agir de acordo com elas.

Estimular uma relação interpessoal mais estreita entre os próprios alunos e entre alunos e professores não implica, por si só, menor distância cultural ou uma relação mais positiva entre o professor e os alunos com maiores dificuldades, explica Perrenoud. Ao contrário, uma interação social mais intensa pode acirrar diferenças culturais, econômicas, pessoais, atitudes de rejeição, competição, conflitos de toda sorte. É preciso trabalhar essas atitudes e conflitos. A diferenciação vai exigir tomada de consciência e respeito às diferenças, direito de se exprimir livremente e de ser ouvido, possibilidade para cada um de ser reconhecido pelo grupo quaisquer que sejam suas competências escolares ou seu nível cultural.

Além disso, a diferenciação vai exigir ainda uma grande pesquisa sobre atividades e situações de aprendizagem que sejam significativas e mobilizadoras, diversificadas segundo as diferenças pessoais e culturais existentes na sala de aula.

A diferenciação não pode se limitar a uma metodologia, a um nível de idade, a uma categoria de conteúdos ou de competências. Trata-se de uma idéia muito ampla que envolve o acompanhamento individualizado dos processos e dos caminhos de aprendizagem. Trata-se, segundo Perrenoud, de algo que vai *romper com a indiferença às diferenças*, confrontando um dos mecanismos mais eficazes de produção do fracasso escolar.

As formas de concretizar a diferenciação do ensino podem variar muito de acordo com uma série de fatores: os recursos de que se dispõe, o grau de liberdade que se tem, o tipo de instituição em que se trabalha, a linha pedagógica ou as teorias que se quer seguir. Perrenoud afirma que a história das tentativas de diferenciação é marcada pela precipitação, por concepções muito estreitas de ensino e aprendizagem e por uma fragilidade dos modelos explicativos mobilizados. Daí a importância, segundo ele, de que se analisem a complexidade, as contradições, as ambivalências, os paradoxos da luta contra as desigualdades e o fracasso escolar, antes de construir os dispositivos de ação.

Para que haja diferenciação, é preciso vencer uma série de preconceitos e resistências. Por um lado vencer as representações deterministas de que alguns alunos são mais capazes do que outros, ou seja, rejeitar a idéia, às vezes confortante, às vezes desesperadora, de que o fracasso escolar é uma fatalidade. Aceitar, ao contrário, que nem tudo está definido no momento do nascimento ou nos primeiros anos de vida. Acreditar, como Bloom, que 90% dos alunos podem dominar os mínimos necessários desde que lhes sejam dadas condições adequadas de aprendizagem.

Por outro lado, é preciso vencer a tendência de ver tudo de forma dicotômica e de dizer "enquanto a sociedade, a escola, os alunos, os pais, os programas não se modificarem, eu não posso fazer nada". Seria absurdo negar o peso dos fatores estruturais, diz Perrenoud, mas é preciso vencer a imobilidade diante deles e relativizar o seu papel. É preciso, além disso, vencer os preconceitos e resistências em relação aos alunos desmotivados, desinteressados, sujos, agressivos, malcheirosos, indisciplinados, esquivos, negligentes.

Diferenciar é dispor-se a encontrar estratégias para trabalhar com os alunos mais difíceis. Se o arranjo da classe, os materiais didáticos, as atividades planejadas não funcionam com esses alunos, é preciso modificá-las, inventar novas formas, experimentar, assumir o risco de errar e dispor-se a corrigir.

Diferenciar é, sobretudo, aceitar o desafio de que não há receitas, nem soluções únicas; é aceitar as incertezas próprias das pedagogias ativas que dependem grandemente da negociação, da improvisação, da personalidade e das iniciativas dos seus atores.

Pensando nas estratégias para a diferenciação, Perrenoud afirma que não há apenas uma que se possa recomendar como a melhor ou a mais desejável. Diz ele: "eu tenderia a privilegiar as dinâmicas de equipes nos estabelecimentos escolares e nesse quadro, o trabalho com as representações; buscar uma pedagogia das diferenças é desaprender, 'desconstruir', ultrapassar práticas conhecidas para tentar outras formas" (ibid., p.128).

Enfatizando que não há receitas ou soluções mágicas, Perrenoud (1992, 1991) considera que a pedagogia das diferenças se vale grandemente da avaliação formativa. Por que formativa? — indaga ele.

Simplesmente porque ela visa melhorar a *formação*. Sua preocupação não é classificar, dar notas, punir ou recompensar, mas *ajudar a aprender*. Deve permitir aos alunos a identificação de seus erros e lacunas, e, aos mestres, as aquisições de cada aluno para poder ajudá-los a progredir mais. Para isso, não há necessidade de testes ou provas, enfatiza Perrenoud. Basta *observar* os alunos para ter uma idéia de seus interesses, suas dificuldades, suas motivações e, daí, pensar nas melhores formas de agir.

A avaliação formativa é, pois, aquela que ajuda o aluno a aprender e o mestre a ensinar. Para enfatizar seu aspecto formativo e desvinculá-la da associação que se faz usualmente entre avaliação e notas, Perrenoud prefere falar em *observação formativa*, que, segundo ele, deve estar a serviço do acompanhamento da aprendizagem e da ação didática. A avaliação formativa deve se inscrever num contrato que demanda confiança e cooperação entre professor e alunos. O professor precisa criar um clima de confiança que leve os alunos a expor suas dúvidas e seus problemas; os alunos precisam se convencer de que podem cooperar com o professor na luta contra o fracasso escolar.

Se a avaliação formativa é a principal fonte de informação para o desenvolvimento de uma pedagogia diferenciada, ela deve ocorrer desde o início do ano escolar, em todas as matérias. Se a sua função é ajudar o aluno a aprender e o professor a ensinar, o importante não é o preenchimento de fichas ou a atribuição de pontos, mas a *observação fina e individualizada* dos alunos para saber o que fazer e como agir. Em lugar de passar todo o tempo aplicando provas, o mestre deve se fiar também na intuição, e acrescenta: "dominar a avaliação formativa, é saber quando é necessário recorrer a instrumentos (escalas, questionários, provas, testes) e quando a intuição basta" (1992, p.19).

Além de enfatizar os aspectos qualitativos da aprendizagem, a avaliação formativa deve ser diferenciada. Se é visível a olho nu que alguns alunos evoluem bem, diz Perrenoud, não há razão para continuar observando-os tão atentamente. A avaliação formativa deve ser proporcional às necessidades, concentrando seus esforços nos alunos com maiores dificuldades.

Finalmente, acrescenta o autor, a observação formativa só será realmente efetiva se ela ajudar a esboçar um plano de ação. Não basta saber observar: é preciso saber agir a partir das observações. É nesse momento que se tornam mais necessárias algumas disposições como a flexibilidade, a criatividade, a coragem de inovar. É preciso ser flexível para pôr em dúvida formas de organização escolar correntes, soluções e caminhos já batidos. É preciso ser criativo para inventar novas formas de organização e de ação. É preciso ter coragem de correr riscos, dispor-se a experimentar, rever o que foi feito e mudar o que não deu certo. É também nesse momento que ficam mais evidentes as carências na formação profissional dos docentes, a necessidade da formação em serviço, o papel da orientação pedagógica, o valor do trabalho em equipe.

Avaliação formativa e diferenciação do ensino são idéias aparentemente muito simples. Como comenta Perrenoud (1992, p.20), "a avaliação formativa bem-feita é simplesmente uma *observação intensiva* posta a serviço de uma *educação sob medida*. A fórmula é de Claparède no início do século. Se as coisas demoram para mudar é porque é difícil colocar esses bons princípios em prática". Por um lado, porque a reprodução das desigualdades se dá de forma contínua e inexorável, e romper esse ciclo infernal é um empreendimento coletivo, de longo prazo e cheio de incertezas. Por outro lado, porque a luta contra o fracasso escolar nos confronta com as contradições e complexidades da nossa sociedade. Nada nos garante que nossos esforços nos trarão frutos nem que as pistas escolhidas são as melhores. É preciso muita paciência e humildade. "Querer agir sozinho, apressadamente, por uma única via é estar condenado a não agir" (ibid., p.20), conclui ele.

O ensino diferenciado e a observação formativa na prática de uma professora

Trazemos, aqui, extratos de um projeto de pesquisa coordenado por André e Dietzsch (1995), que investiga as interações sociais em quatro escolas públicas paulistas. Selecionamos cenas da sala de aula de uma das professoras observadas para ilustrar uma das possibilidades de implementar a proposta apresentada de ensino diferenciado e avaliação formativa.

A professora Alice não tem uma rotina fixa de trabalho com seus alunos de primeira série. Quando entrevistada, ela disse que procura variar para que os alunos não se cansem, procurando também reunir os que sabem mais com os que ainda precisam de ajuda. Essa variação, além de intencional, segue um planejamento geral que é feito no início do ano e vai passando por ajustes a partir das discussões com a coordenadora e com os colegas nas reuniões semanais de trabalho pedagógico.

Alice estrutura seu trabalho em torno de alguns temas, que, por sua vez, dão origem a projetos e atividades de classe. Um dos projetos desenvolvidos durante o período de observações foi o das profissões. A professora usou o tema do circo para abordá-lo. Assim, foram discutidas as profissões do malabarista, do trapezista, do mágico, do palhaço, e sobre cada uma delas foram realizadas atividades que envolviam leitura e produção de textos. No decorrer dessas atividades a professora disse que surgiu a proposta de trabalhar as profissões da escola, como a da bibliotecária, da escriturária, da secretária, o que levou os alunos a prepararem e fazerem entrevistas e a registrarem suas observações em desenhos e textos escritos.

Outra atividade observada em sala de aula foi a que a professora chamou de "quem sou eu", a qual, segundo ela, ligava-se ao tema "identidade", do projeto geral da escola. A professora introduz a atividade, dizendo:

— *Vamos hoje trabalhar com o quem sou eu?*

Ela pega um saquinho, no armário, que contém cartelas com os nomes das crianças e diz:

— *Vamos sortear quem vai ser o quem sou eu. Não contem pra ninguém que bicho é!*

A professora lembra à classe que para ser o bicho precisa ter procurado em casa "coisas" sobre ele. O aluno que se oferece diz ter visto no livro o seu bichinho e imediatamente fica na frente da classe para responder às perguntas dos colegas. Cada criança levanta a mão quando quer fazer a pergunta.

— *Você tem casco? Tem orelhas? Come grama? Tem chifre?*

Alguns consultam a professora se já podem dizer qual é o bicho. Ela diz que ainda não é hora, pois todos que querem, precisam perguntar. E perguntam:

— *Você baba? Mora na terra? Dá coice? Tem ferradura? Corre? Morde? Bota ovo? É mamífero?*

A professora então diz:

— *Vocês acham que já sabem?*

Muitos dizem que o bicho é o tatu. Uma criança sugere:

— *Vamos fazer a lista do tatu!*

A professora aproveita a situação para trabalhar com a escrita e diz:

— *Vamos ver quantas palavras vamos conseguir escrever relacionadas ao tatu. Pensem onde ele mora, o que come!*

As crianças vão falando: buraco, terra, casco, dente, pata...

A professora diz:

— *Prestem atenção que vocês vão escrever todas elas.*

Enquanto as crianças escrevem, a professora observa:
— *Quem tiver que falar é só para trocar idéias com o colega. Manoel, vai na frente e lê a sua lista. Vocês aproveitam para acrescentar outras.*
— *Carina, vai pesquisar no dicionário se o tatu é mamífero, ou alguém sabe? Eu não sei.*

A professora mostra sensibilidade para escolher temas que estejam no referencial das crianças, como no caso do bicho. Solicita a participação de todos, respeita as regras e estimula a interação entre os alunos para realizar as atividades de classe. Não dá respostas prontas, solicita aos alunos que pesquisem, que trabalhem individualmente antes de trocarem com o resto do grupo. Não estaria, assim, ajudando os alunos a construírem seus conhecimentos?

As atividades de leitura e escrita, oralidade e cópia estão sempre interligadas. O acompanhamento da leitura é individual, pois, enquanto a professora lê, caminha pela classe, observando o dedo das crianças sobre as palavras. Ela diz que percebe os que ainda não conseguem ler e se diz surpresa com a facilidade com que memorizam. Ela diz que não os deixa perceber que ela sabe que eles não lêem. Não os reprime, nem ridiculariza, pois sabe que *uma hora ou outra acontecerá*. Sua preocupação é que desenvolvam o gosto pela leitura.

É interessante notar que em lugar de criticar a memorização, a professora a valoriza como ajuda para o desenvolvimento da leitura e da escrita. Ela afirma que os alunos se encontram em diferentes estágios da escrita, e não pode ficar ansiosa em relação aos que memorizam ou aos que ainda se encontram na fase silábica.

A organização e o uso do espaço da sala de aula dessa professora também distinguem-se do que se encontra usualmente nas escolas. Os alunos estão sempre dispostos em grupos de quatro ou seis. Assim que chegam à classe, eles arrumam as carteiras para formar uma grande mesa e, sem esperar a ordem da professora, começam a preparar seus materiais. A professora disse que muda os grupos, faz rodízio, colocando *um que sabe mais com outro que está engatinhando*. É a estratégia que utiliza, segundo ela, para lidar com as diferenças, pois *além de trocar amizade, experiência, eles aprendem muito com os outros, com os colegas*. Além de deslocar os alunos de um grupo para outro, a professora também se desloca constantemente pelo espaço da sala de aula: passa de mesa em mesa, fala com cada aluno, observa, chama individualmente e atende pacientemente os que a solicitam.

Uma chave importante para o sucesso dessa professora parece ser a sua crença em que cada aluno pode aprender se lhe derem tempo e oportunidade para isso. A pergunta que surge é a seguinte: Como se desenvolveu essa crença? Que circunstâncias ou fatores terão contribuído? Qual o peso da família, da escolarização, do ambiente cultural, profissional e social nessa formação?

Chama a atenção o trabalho que desenvolve a coordenadora pedagógica nessa escola. Segundo a professora, sua escola se diferencia das outras escolas onde ela já trabalhou por ter uma coordenadora que promove a troca de experiência e o trabalho em grupo dos professores, além de *passar a própria experiência e coordenar o debate teórico*. Estaria aí a chave do sucesso? Esse indício nos levou a realizar um estudo de caso nessa escola, abrangendo agora não só o trabalho de uma professora e da coordenadora pedagógica, mas da instituição escolar. E os dados obtidos em observações das aulas e de outras atividades, entrevistas com alunos e professores vieram confirmar a importância do trabalho coletivo no processo de formação em serviço que se desenvolve na escola.

Os dados dessa investigação vêm corroborar propostas apresentadas na literatura educacional de que o trabalho com a diversidade cultural dos alunos que freqüentam a escola pública não só é possível, mas também viável, especialmente quando a escola tem um projeto pedagógico, assumido coletivamente pelos atores escolares, que se propõe a não ficar indiferente em face das diferenças.

Bibliografia

ADNRÉ, M.; DIETZSCH, M.J.M. (1995) Relações sociais na escola — novas perguntas, novos olhares. *Relatório de Pesquisa*. São Paulo: FEUSP/CNPq.

DEMO, P. (1995) Lógica e democracia da avaliação. *Ensaio*. Rio de Janeiro, v.3 , n. 8, pp. 323-330.

DIAS DA SILVA, M.H.G.F. (1992) *O fazer docente nas quintas séries do primeiro grau*. São Paulo: Universidade de São Paulo, Faculdade de Educação, (Tese de Doutorado).

LÜDKE, M.; MEDIANO, Z.D. (coords.) (1992) *Avaliação nas escolas de 1º grau*. Campinas: Papirus.

LUCKESI, C.C. (1995) *Avaliação da aprendizagem escolar*. São Paulo: Cortez.

ENGUITA, M.F. (1989) *A face oculta da escola*. Porto Alegre: Artes Médicas.

PERRENOUD, P. (1995) *La pédagogie à l'école des différences*. Paris: ESF.

——— (1992) Évaluation formative: mais non, ce n'est pas du chinois, même les parents en font! *Journal de l'enseignement primaire,* Gènève, n.38, pp.18-20.

——— (1991) Avancer vers l'observation formative et une pédagogie différenciée. *Journal de l'enseignement primaire,* Gènève, n.34, pp.14-17.

PERRENOUD, P. (1990) *La construcción del éxito y del fracaso escolar.* Madrid: Ediciones Morata.

SACRISTÁN, J. GIMENO; PÉREZ GOMEZ, (1992) *Comprender y transformar la enseñanza.* Madrid: Ediciones Morata.

SAUL, A.M. (1994) A avaliação educacional. *Idéias,* FDE, São Paulo, n.22, pp.61-68.

Avaliação escolar e democratização:
o direito de errar

Sandra Maria Zákia Lian Sousa*

Na virada para o século XXI, a sociedade brasileira vê-se diante de um desafio histórico em relação à educação, ou seja, viabilizar sua democratização, garantindo, ao menos, a universalização do ensino fundamental e o sucesso escolar para todos os cidadãos.

Há fatores de natureza diversa que condicionam a concretização do direito à educação, que se relacionam a questões estruturais do Estado brasileiro, decorrentes das relações econômico-financeiras vigentes. Refletindo o modelo excludente de desenvolvimento econômico, temos um dos mais injustos índices de distribuição de renda entre todas as áreas do mundo, com amplos contingentes da população que não têm tido sequer atendido seu direito à vida e ao trabalho.

As questões sociais e, integrando-as, a educacional, tal como tratadas nos planos e programas governamentais, são entendidas como decorrentes do desenvolvimento econômico, sem que se tenha como perspectiva a dimensão social da economia.

Essa referência inicial à realidade de vida de grande parte da população, cujos direitos básicos da cidadania não são atendidos, dentre os quais o direito à educação, revela o reconhecimento de que há fatores estruturais que condicionam os limites e possibilidades da escola no contexto social brasileiro. Tal constatação, no entanto, não deve servir a uma atitude de descrença em relação às possibilidades de a escola contribuir com a luta por uma sociedade mais justa, que se traduza em um imobilismo por parte dos educadores.

Ao contrário, enfrentar o desafio histórico de democratizar a educação supõe, necessariamente, olharmos criticamente a escola. Para além dos condicionantes de natureza estrutural do Estado brasileiro, o fracasso escolar, há muito evidenciado e denunciado, é também expressão do modo

---

* Pedagoga, com mestrado pela PUC/SP e doutorado pela USP na área de educação, e professora da Faculdade de Educação da USP. Co-autora de *Avaliação do rendimento escolar* (Papirus, 1991) e de artigos sobre avaliação escolar em revistas especializadas.

125

como a escola está estruturada e organizada, o que impõe olhar criticamente suas regras, rituais, práticas, enfim, o conjunto de relações e interações que nela se estabelecem.

Aí se insere o significado de analisarmos a avaliação que, tal como vem sendo tendencialmente compreendida e vivenciada na escola, constitui-se, essencialmente, em um instrumento de legitimação do fracasso escolar. Utilizada como meio de controle das condutas educacionais e sociais dos alunos, tem servido a uma prática discriminatória que acentua o processo de seleção social.

Para explorar possíveis conseqüências individuais e sociais da avaliação, a partir de suas características dominantes na prática escolar, começo por delinear finalidades e funções que, entendo, devam cumprir a avaliação.

Para que avaliação escolar?

Para introduzir a discussão dessa indagação, vou citar duas manifestações que têm sido recorrentes entre professores de educação infantil, com os quais tenho tido oportunidade de debater o tema avaliação da aprendizagem:
• há professores que dizem não ser a avaliação uma questão polêmica nesse nível de ensino, pois não está vinculada a uma exigência do sistema, em termos de normatização de procedimentos a serem utilizados ou de decisão quanto à promoção ou retenção do aluno; posição que revela uma clara relação entre avaliação e classificação dos alunos;
• outros posicionam-se em defesa da utilização de procedimentos semelhantes aos usualmente utilizados no primeiro grau, entendendo ser a educação infantil, particularmente a pré-escola, um tempo e um espaço de preparação para o ingresso na escola fundamental; posição esta que expressa uma relação entre a concepção de avaliação e uma dada compreensão quanto à finalidade desse nível de ensino.

Essas manifestações foram aqui retomadas para ilustrar que não é possível discutirmos em abstrato finalidades e procedimentos da avaliação escolar. Ou melhor, há significados de avaliação, diferentes entre si, que são expressões de concepções de educação, escola, conhecimento, processo de ensino e trabalho.

Não é possível, portanto, estabelecer abstratamente "um significado", "uma função", "uma forma" ou o "melhor caminho" para se vivenciar a avaliação, pois as práticas avaliativas são uma das formas de concretização de um dado projeto educacional e social.

Nesse sentido, é importante que eu expresse qual projeto de escola tomo como referência para pensar a avaliação. Considero que uma escola de qualidade supõe, essencialmente, compromisso de seus integrantes com a permanência das crianças que nela ingressam e com o seu processo de desenvolvimento; a organização de um trabalho que viabilize e estimule a apropriação, a construção do conhecimento e a formação do sujeito social; relações de poder compartilhadas, privilegiando-se o trabalho coletivo e cooperativo entre os profissionais da escola, alunos e comunidade.

Tendo como horizonte esta compreensão de qualidade do trabalho escolar, entendo ser a avaliação um meio de gerar informações sobre o processo educacional, que se pauta por um referencial valorativo, apoiando decisões sobre as intervenções e re-direções necessárias para a concretização do projeto político-pedagógico.

Configura-se, assim, a avaliação como uma prática de investigação do processo educacional, como um meio de transformação da realidade escolar. É a partir da observação, da análise, da reflexão crítica sobre a realidade, pelos sujeitos envolvidos no processo de trabalho, que se estabelecem as necessidades, prioridades e propostas de ação. Daí a dimensão educativa da própria avaliação, gerando continuamente novas evidências, desafios e necessidades em relação ao contexto escolar.

Avaliar o contexto escolar ultrapassa a apreciação do desempenho dos alunos, que deve ser analisado de modo relacionado com o desempenho do professor e as condições da escola. Ou seja, é necessário construir-se uma prática sistemática de avaliação dos diversos sujeitos e componentes da organização, como: a atuação do professor e de outros profissionais; os conteúdos e processos de ensino; as condições, dinâmicas e relações de trabalho; os recursos físicos e materiais disponíveis; a articulação da escola com a comunidade; e até a própria sistemática de avaliação.

Com tal abrangência, a avaliação escolar possibilita a identificação das dificuldades, dos sucessos e fracassos, apoiando encaminhamentos e decisões sobre as ações necessárias, sejam elas de natureza pedagógica, administrativa ou estrutural.

Sobre a avaliação da aprendizagem do aluno, foco deste texto, cabe observar que sua função é diagnosticar e estimular o avanço do conhecimento. Seus resultados devem servir para orientação da aprendizagem, cumprindo uma função eminentemente educacional.

Sendo objetivo nuclear da escola o processo de apropriação e construção do conhecimento pelo aluno, a avaliação deve servir à orientação da aprendizagem. É necessário romper com a falsa dicotomia entre ensino e avaliação. Os acertos, os erros, as dificuldades e dúvidas que o aluno apresenta são evidências significativas de como ele está interagindo com o conhecimento.

Os critérios de avaliação não são estabelecidos de modo dissociado das posições, crenças, visões de mundo e práticas sociais de quem os concebe, mas emergem da perspectiva filosófica, social, política de quem faz o julgamento e que dela são expressão. Assim, os enfoques e critérios assumidos em um processo avaliativo revelam as opções axiológicas dos que dele participam.

As considerações sobre as finalidades da avaliação aqui esboçadas partem do compromisso com o sucesso escolar como condição e direito de todos, rompendo-se com uma concepção classificatória e seletiva. "O ato de avaliar, por sua constituição mesma, não se destina a um julgamento 'definitivo' sobre alguma coisa, pessoa ou situação, pois que não é um ato seletivo. A avaliação se destina ao diagnóstico e, por isso mesmo, à inclusão (...)". (Luckesi, 1995, p.180)

Se, por um lado, tal concepção de avaliação, desde meados da década de 1980, vem ganhando cada vez mais espaço na literatura da área, por outro, observamos que tal produção não tem tido força para redirecionar a tendência dominante nas concepções e práticas avaliativas em nossas instituições escolares.

Práticas avaliativas na escola

Diversas pesquisas têm sido realizadas, em diferentes contextos e estados brasileiros, particularmente a partir da década de 1980, com a finalidade de descrever e analisar como vem sendo vivenciada a avaliação escolar, e tendo como alvo aclarar seu significado, com vistas a contribuir na proposição de alternativas de ação viabilizadoras da democratização do ensino.[1]

Ao analisar as informações e apreciações apresentadas nesses estudos, o que se observa é uma grande similaridade nos resultados, o que nos autoriza a falar em uma "cultura avaliativa" que está fortemente impregnada nas organizações escolares, direcionando expectativas e práticas dos professores e outros profissionais da educação, dos alunos e dos pais.

Vou mencionar algumas das revelações evidenciadas por essas pesquisas, procurando explorar as finalidades e implicações presentes nos julgamentos escolares e possíveis conseqüências de tais julgamentos.

Foi recorrente a denúncia de que, tal como tendencialmente vivenciada, a avaliação tem-se confundido com procedimentos de medida, de verificação do rendimento escolar, que resultam na atribuição de um conceito ou nota ao aluno, tomados como referência para decisão quanto à promoção ou não para a série ou ciclo subseqüente. Os resultados constatados por meio dos procedimentos de testagem não são interpretados com vistas a geraram possíveis alterações ou redirecionamentos nas propostas de trabalho delineadas no início da série ou ciclo, não se traduzindo, portanto, em decisões e práticas viabilizadoras do aprimoramento do trabalho escolar.

A aprovação/reprovação ganha centralidade nas relações entre professores, alunos e pais, sendo foco de suas preocupações não a aprendi-

---

[1] Levantamento não exaustivo mas representativo de pesquisas realizadas é apresentado ao final do texto, as quais poderão ser consultadas por aqueles que desejarem um aprofundamento de estudo na área.

zagem, mas as notas obtidas, o número de pontos ou o conceito necessário para "passar". Esses resultados, sendo tratados sem articulação com o processo de ensino, não se constituem em subsídios para a definição de diretrizes e procedimentos de ação, caracterizando-se como produto de um ritual que, apesar de ocupar grande parte do tempo do trabalho escolar, torna-se improdutivo sob o ponto de vista pedagógico.

Dentre as funções da avaliação, exploradas na literatura da área, a classificação do aluno, ao final de um bimestre, semestre ou curso, é a menos enfatizada, sendo ressaltadas como funções básicas:

• diagnosticar: caracterizar o aluno no que diz respeito a interesses, necessidades, conhecimentos e/ou habilidades, previstos pelos objetivos educacionais propostos, e identificar causas de dificuldades de aprendizagem;

• retroinformar: evidenciar os resultados alcançados no processo ensino-aprendizagem, apoiando o replanejamento do trabalho com base nas informações obtidas;

• favorecer o desenvolvimento individual: atuar como atividade que estimula o crescimento do aluno, no sentido de que se conheça melhor e de que desenvolva a capacidade de auto-avaliar-se.

Revestida de tais funções a avaliação constitui-se em facilitadora do processo de autoconhecimento e desenvolvimento do aluno, assim como em referencial para a organização das atividades de ensino, estimuladoras da aprendizagem.

Entretanto, da forma como vivenciada em nossas escolas, tais propósitos, se não ausentes, são secundários, pois assume centralidade a função classificatória da avaliação. Assim, por exemplo, dificuldades de aprendizagem ou erros cometidos pelos alunos são informações que, usualmente, resultam em apreciações negativas por parte do professor, interpretados não como evidências do estágio de desenvolvimento do aluno, mas como algo a ser evitado.

Tratar essas informações em uma perspectiva de diagnóstico, de retroinformação do processo ensino-aprendizagem, significaria ler, analisar e utilizar os resultados obtidos durante e ao final das etapas de trabalho como importantes evidências da trajetória individual e do grupo-classe, que apóiam decisões quanto aos planos que serão desenvolvidos com os alunos, individual e coletivamente.

Vale ainda observar que a avaliação tem sido utilizada, em geral, como instrumento de controle e adaptação das condutas educacionais e sociais do aluno. Sob a pretensão de se conseguir um clima favorável para a aprendizagem, trabalha-se com o aluno na direção da submissão e adequação a padrões e normas comportamentais, sendo punidos os alunos "desobedientes" com baixos conceitos, que podem levá-lo à reprovação ou até ao convencimento de que é incapaz de adaptar-se à escola, que "não tem cabeça pra estudar".

Sem negar que os procedimentos avaliativos têm poder e efetivamente moldam as condutas dos alunos, ressalta-se o caráter conflituoso desse processo, que não se dá sem resistência por parte dos alunos. Estes identificam meios para controlar o controle exercido pelo professor, ao dominarem as "regras" da avaliação. Assim, por exemplo, mesmo sendo "indisciplinado", o aluno sabe que, saindo-se bem nas provas, conseguirá "passar", ainda que nos bimestres iniciais do ano letivo tenha ficado "sem média" devido a "problemas de comportamento". Também os alunos lidam com a informação de que é cobrado dos professores, por parte da "direção", um certo percentual de aprovação da turma, ou seja, o professor não precisa aprovar todos, mas não deve reprovar muitos. Isso, para eles, explica as "chances" que são criadas para "melhorar a nota" — não necessariamente ocorrência de aprendizagem —, como trabalhos complementares, provas extras ou mesmo a "recuperação paralela", que tem sido interpretada como "segunda chance".

Daí observarmos que, apesar do contínuo trabalho escolar voltado para a adaptação dos alunos a determinadas normas de conduta e do incessante empenho dos professores em "conseguir disciplina dos alunos", o "sucesso" não é garantido. A escola, ao reproduzir as relações de poder e de subordinação da sociedade mais ampla, também expressa as contradições dessa sociedade, por meio de movimentos de acomodação e resistência aos valores dominantes.

O que se evidencia por meio das práticas avaliativas é que a escola, em vez de tornar os conteúdos de ensino mais significativos e, conseqüentemente, interessantes para os alunos, se organiza a partir de expectativas que não levam em conta as características dos alunos como grupo social, servindo à exclusão daqueles oriundos da classe trabalhadora, pois são eles que mais se distanciam das normas e regras estabelecidas. Sob uma aparente seleção técnica, realiza-se uma seleção social, com conseqüências na auto-imagem e auto-estima dos alunos.

Em outro texto (Sousa, 1991) em que caracterizo tendências das práticas avaliativas, registro evidências do poder do julgamento docente sobre o desempenho dos alunos, tanto no sentido de condicioná-lo de acordo com sua expectativa, positiva ou negativa, quanto de levar o aluno a incorporar o estigma de que é capaz ou incapaz.

Os procedimentos de premiação/punição contribuem "para criar nas pessoas o consenso sobre as diferenças individuais e por conseguinte sobre os privilégios. Se as pessoas são diferentes, se comportam de maneira diversa, uns alcançando mais que os outros, justificam-se as discriminações. O efeito da premiação se faz tanto sobre os que são premiados, que se julgam 'justificados', como os que não o são. Sobre estes o efeito é de conformismo e de 'reconhecimento' de seu lugar" (Ott, 1983, p.148).

A avaliação como instrumento usado para a discriminação torna-se improdutiva pedagogicamente e injusta socialmente.

A avaliação em transformação

Não raro, quando discutimos com professores o significado dominante das práticas avaliativas, denunciando as concepções de ensino, aprendizagem, educação e, no limite, de sociedade que estão implícitas nessas práticas, problematizando seu sentido constitutivo, ouvimos manifestações do tipo: "tudo bem, isso nós já sabemos. Interessa-nos saber o que fazer para mudar, principalmente porque isso não depende só de nós. Como lidar com os alunos e com os pais, que vêem qualquer modificação introduzida na avaliação como afrouxamento das exigências da escola? É difícil mudar!". Também são freqüentes referências dos professores ao número excessivo de alunos ou de classes sob sua responsabilidade.

São importantes essas colocações, pois elas nos permitem trabalhar sobre o significado e implicações da mudança, a começar pelo reconhecimento de que há fatores que dificultam ou mesmo inviabilizam a vivência da avaliação em seu sentido pleno, que ultrapassam o âmbito de decisão e ação da unidade escolar, uma vez que se situam no plano da política educacional. Assim, a luta por condições básicas para a realização do trabalho escolar, buscando afirmá-las como prioridade nas agendas governamentais, é fundamental para tornar viável um ensino de qualidade e a vivência do processo avaliativo como elemento que contribui para a construção desta qualidade.

Ao lado da exigência de condições possibilitadoras do trabalho, há que se indagar sobre as expectativas e compromissos dos participantes da ação educativa, observando, de início, que o conhecimento das críticas que são feitas à avaliação escolar e sobre o que seria desejável que fosse redirecionado nessas práticas é necessário, mas não suficiente, para impulsionar a transformação. Esta supõe, para além de informações teóricas sobre o tema ou de sugestões sobre procedimentos de trabalho a serem adotados, um confronto com os valores que direcionam e alimentam nossa prática escolar, e um desejo de ruptura com sua lógica classificatória e excludente. É fundamental o desvelamento dos princípios que norteiam as práticas avaliativas, procedendo à sua análise não apenas em uma dimensão técnica, mas, também, em uma dimensão política e ideológica.

Não basta tomar conhecimento das críticas que são feitas, é preciso construir, a partir delas, a própria análise e reflexão, individual e coletivamente, na escola; o que se desencadeará quando existir, de fato, um *compromisso* com uma prática capaz de promover permanência, terminalidade e ensino de qualidade para todos. A existência desse compromisso é condição necessária para um redirecionamento do significado da avaliação escolar, como dimensão intrínseca do processo educacional.

Como diz Perrenoud (1993, p.173), "mudar a avaliação provavelmente significa mudar a escola (...), significa pôr em questão um conjunto de equilíbrios frágeis e parece representar uma vontade de desestabilizar a prática pedagógica e o funcionamento da escola. 'Não mexam na minha avaliação!' é o grito que damos assim que nos apercebemos que basta puxar pela ponta da avaliação para que o novelo se desfie", pois a avaliação reflete o projeto político-pedagógico da escola. Assim, um confronto com as práticas avaliativas significa, em última instância, enfrentar o desafio de construir um novo projeto para essa escola que aí está.

O desvelamento dos princípios que norteiam as práticas avaliativas e sua análise nas dimensões técnica, política e ideológica, para terem força de transformação, precisam estar ancorados no *desejo de mudança*, provocando *intervenções na realidade*. Se o discurso resolvesse, diz Vasconcellos (1993, p.53), "não teríamos mais problemas com a avaliação. (...) Para se atingir um nível mais profundo de conscientização, o parâmetro deve ser colocado em termos de mudança da prática. O educador pode ler um texto que critica o uso autoritário da avaliação, concordar com ele e continuar com o mesmo tipo de avaliação. A conscientização é um longo processo de ação-reflexão-ação; não acontece 'de uma vez', seja com um curso ou com a leitura de um texto. Quando se tenta mudar o tipo de avaliação é que se pode ter a real dimensão do grau de dificuldade da transformação, bem como do grau de conscientização do grupo de trabalho. As idéias se enraizam a partir da tentativa de colocá-las em prática. Vai-se ganhando clareza à medida que se vai tentando mudar e refletindo sobre isto, coletiva e criticamente".

Nesse processo coletivo de ação-reflexão-ação, destaco a importância do envolvimento dos alunos, modificando o papel que estes vêm tradicionalmente ocupando, relacionando-se com eles como sujeitos, e não mero objetos, da avaliação. Integrar os alunos no processo de avaliação de seu próprio desempenho e do trabalho da escola como um todo traduz o reconhecimento deles como interlocutores na gestão educacional, supondo transformação nas relações de poder e subordinação presentes na organização escolar.

A participação do aluno na avaliação é fundamental para sua integração no processo educacional, para o seu compromisso com a aprendizagem. É condição mesma para a transformação dos processos de avaliação e do uso que se faz de seus resultados, visando constituí-la como instrumento útil para o aprimoramento do ensino e apoio à aprendizagem.

Lembrando o depoimento que mencionamos no início deste item, quando professores falam em "como lidar com os alunos", reiteramos a necessidade de existir o propósito dos educadores em romper com a cultura avaliativa dominante na escola; o que, necessariamente, implicará um trabalho de sensibilização e envolvimento dos alunos para a construção de um novo significado da avaliação.

O mesmo deve ser observado em relação aos pais, que precisam estar envolvidos no processo de transformação das práticas avaliativas, sendo informados sobre as inquietações, estudos e discussões que vêm ocorrendo entre os educadores, entre estes e os alunos, e, mais do que informados, precisam ser estimulados a refletir e criticar o sentido da avaliação escolar. É um processo lento, que demanda a construção de uma nova relação com a escola, com o processo de escolarização dos filhos, em que o diálogo seja centrado na aprendizagem e não na "nota" ou no "conceito" obtidos, como fins em si mesmos.

A participação dos que integram a organização escolar configura-se como condição para a proposição de perspectivas de avaliação que se contraponham à tendência que tem sido dominante. O emergir de uma nova concepção e prática de avaliação integra o conjunto de definições de natureza filosófica, pedagógica e administrativa de cada contexto escolar, resultando, portanto, de decisões coletivas dos agentes escolares. Decisões estas que implicam o confronto das diferentes, controvertidas e contraditórias posições que se manifestam, também, em relação à avaliação.

Ao discorrer sobre a avaliação de programas educacionais, Stake (1982, p.46) observa que "não é possível realizar estudos avaliativos sem considerar — implícita ou explicitamente (de preferência) — como as pessoas valorizam, em termos subjetivos, os vários planos e produtos educacionais". Sua observação é pertinente quando se pretende "avaliar a avaliação escolar", sendo requisito não só o reconhecimento da multiplicidade de valores presentes na organização escolar, mas a disposição de trabalhar a partir dessa diversidade.

Importante observar que, quando caracterizamos as práticas avaliativas na escola, insistimos em usar a expressão "tendência dominante". Isto porque a escola não é um bloco monolítico, homogêneo, observando-se em seu cotidiano concepções e práticas que se contrapõem a essa tendência. Na busca de transformação da avaliação, não é possível pensar em buscar um "novo modelo", pronto e acabado, para ser "aplicado". Um caminho promissor é possibilitar a explicitação e análise das diferenças e divergências, com vistas à construção de um projeto coletivo de trabalho, que se paute pelo compromisso com a qualidade de ensino para todos. Uma das atividades escolares que tem potencial para desencadear esse tipo de reflexão é o *conselho de classe*, quando se explicitam, de modo bastante evidente, as diversas concepções de educação dos profissionais, particularmente nos argumentos utilizados para a defesa da promoção ou retenção dos alunos. Analisar os depoimentos com a perspectiva de apreender os projetos educacionais e sociais que eles expressam é um caminho promissor em direção à proposição de princípios comuns de trabalho, que venham representar um compromisso da escola com os alunos que a freqüentam.[2]

O planejamento escolar deveria se caracterizar por uma ação coletiva da escola, expressando o projeto institucional. E a avaliação, como di-

---

2. Sobre esse assunto, faço considerações no artigo intitulado "Conselho de Classe: um ritual burocrático ou um espaço de avaliação coletiva?".

mensão intrínseca do processo educacional, faz sentido como um instrumento que serve à construção dos resultados esperados.

Da avaliação tecnoburocrática para a avaliação democrática

Como evidenciam as considerações até aqui discutidas, re-significar o processo avaliativo impõe novas respostas ao "para que" e o "por quem" as informações serão produzidas e utilizadas, rompendo com uma prática burocrática. O desafio é buscar a superação de uma concepção de avaliação que se traduz na classificação dos alunos e no controle de seus comportamentos, por meio de relações predominantemente punitivas, que se confunde com "provas" e atribuição de notas ou conceitos pelo professor, em direção a uma avaliação que tem como finalidade contribuir para o processo de apropriação e construção de conhecimento pelo aluno, em que se reconhecem, como sujeitos, todos os integrantes da organização escolar, constituindo-se em um processo abrangente e contínuo, que integra o planejamento escolar em uma dimensão educativa.

Decorre desse sentido da avaliação, como meio de estímulo ao desenvolvimento do aluno, a necessidade de que sua realização não fique restrita ao uso dos procedimentos de testagem, ou seja, a proposição de um conjunto de tarefas para obter evidências do comportamento do aluno em uma dada situação e em determinado tempo. É de grande importância a observação que o professor faz das manifestações dos alunos, de sua interação em sala de aula e na escola. Observação esta que não deve se limitar aos objetivos e expectativas pré-definidos pela escola como "desejáveis", mas que deve estar "aberta" para apreender as interações peculiares de cada aluno com o trabalho escolar.

As informações e dados decorrentes da observação, se guardados apenas na memória, tendem a ser esquecidos ou distorcidos depois de algum tempo. Assim, faz-se necessário o registro das manifestações dos alunos, para que venham a ser utilizadas no planejamento e replanejamento do trabalho.

Os registros escritos favorecem não só maior precisão das informações observadas como, também, conduzem a uma organização e "leitura compreensiva" do que foi observado em um dado aluno, em uma dada turma, possibilitando perceber tendências, estabelecer relações e decidir quanto aos encaminhamentos mais apropriados.

Ao falar da importância do registro, não estou pensando, necessariamente, em um modelo ou ficha padronizada a ser preenchida periodicamente pelos professores. O registro pode ser feito de diferentes maneiras, em diferentes momentos. O fundamental é que ele subsidie o acompanhamento, a análise do desenvolvimento do aluno e a decisão de que caminhos seguir.

Além da observação, é igualmente importante que o professor utilize procedimentos de auto-relato. Entrevistas com os alunos são necessárias não apenas para o professor compreender as hipóteses e soluções propostas por eles, mas também para criar uma relação de compromisso, por parte deles, com o trabalho escolar. Estimulando-os a identificarem o que já sabem, a situarem suas dificuldades, a estabelecerem propósitos, o professor cria as condições para que o aluno se situe como sujeito da avaliação. Propiciar ao aluno uma análise de sua própria produção, a partir da crença em sua possibilidade de aprender, é uma das importantes funções do processo avaliativo.

A superação do caráter burocrático da avaliação está dada pelo uso que se fizer das informações produzidas sobre o desempenho escolar dos alunos, por meio dos procedimentos de testagem, auto-relato e observação. São necessárias, sim, cuidadosa e competente seleção, organização e preparação dos instrumentos de avaliação, bem como a recorrência a procedimentos diversificados de avaliação, mas a alteração nuclear a ser introduzida refere-se à dimensão político-pedagógica da avaliação.

Trata-se de avaliar não para selecionar, mas para possibilitar a todos os alunos o conhecimento crítico e criativo, instrumento necessário quando se tem como compromisso não a "conformação" à realidade mas sua transformação, servindo assim a avaliação à inclusão e não à exclusão.

Significa desenvolver um trabalho escolar em que o conhecimento seja tratado, não como agrupamento e ordenação de dados ou conceitos a serem assimilados e repetidos pelos alunos, mas como produto de sua relação e interpretação da realidade vivida, que ultrapassa a apropriação, e supõe a construção, pelos sujeitos, de respostas e propostas que expressem seus compromissos sociais e políticos com o processo histórico.

Tal perspectiva desafia a organização escolar à superação de uma visão estática do conhecimento, como algo que se encontra sedimentado no livro didático ou no professor, como fontes únicas de informação. Conduz à aceitação da natureza dinâmica, relativa e plural do conhecimento. Também implica que se estabeleçam relações cooperativas entre os agentes escolares, que se pautem na confiança mútua e no desejo de promoção de todos.

Nessa direção, ocupa papel central o modo como é concebida a avaliação, pois esta "envolve poder e, como tal, não é um mero exercício tecnocrata e sim um exercício político. (...) O poder pode ser tanto um instrumento de dominação de uns sobre os outros, como promover o bem comum... Neste sentido, enquanto o poder está e sempre estará no próprio cerne da avaliação educacional, o medo que ela tem suscitado não é corolário absolutamente necessário e inevitável. Há formas e formas de exercitar o poder avaliativo!" (Goldberg, 1980, p.116).

São compreensíveis a apreensão e o medo que cercam a avaliação em nossas instituições escolares, considerando sua forma autoritária e o uso punitivo que é feito de seus resultados. Esses sentimentos que, usualmente, identificamos nos alunos, também se expressam quando, por exemplo, discutimos com professores a necessidade de avaliação da organização escolar como um todo. A tendência observada é a de centrarem as discussões na avaliação da prática docente, concebida a partir das mesmas características e propósitos da avaliação discente.

Assim, a apreciação da qualidade do trabalho docente tende a ser entendida como decorrente exclusivamente de habilidades ou competências individuais, não sendo contempladas as condições contextuais de sua atuação, além do vínculo estabelecido entre avaliação e premiação ou punição; o que gera resistência, até mesmo para a discussão da relevância de se estabelecer uma sistemática de avaliação da escola, que certamente ultrapassa a avaliação docente.

Entretanto, não é de surpreender a resistência, em geral, manifestada pelos professores não só porque tendem a reproduzir a concepção de avaliação que, tradicionalmente, é vivenciada em relação aos alunos, mas também como reação a propostas de avaliação escolar que vêm, gradativamente, ganhando espaço em nossos sistemas de ensino, as quais valorizam a utilização dos resultados avaliativos para estímulo à escola ou ao aluno por meio da premiação, bem como para desencadear atividades compensatórias.

Refiro-me às iniciativas que vêm sendo desencadeadas pelo governo federal e por governos estaduais voltadas para o controle dos resultados educacionais, entendidos estes como desempenho apresentado pelos alunos em testes, cujos resultados são interpretados como indicadores da eficiência e produtividade da unidade escolar, responsabilizando-se, particularmente, seus professores, pelo rendimento apresentado pelos alunos nos testes.

Tal perspectiva, há que se reconhecer, fortalece não uma concepção de avaliação como processo, assumido coletivamente pelos integrantes da escola, que serve ao desenvolvimento e aprimoramento do trabalho, mas como atividade pontual, com finalidade classificatória, a serviço de um projeto educacional e social que se pauta pelo individualismo e competição. Uma relação de diálogo, abertura, cooperação e confiança — condição para a construção de um projeto avaliativo eficaz — não é estimulada com uma avaliação pautada por tais princípios.

A ação que entendo construtiva não é a de negar o valor da avaliação da organização escolar, ou seja, constante ajuizamento pelos sujeitos que a compõem de sua própria atuação, das relações que se estabelecem, dos processos e resultados do trabalho e das condições de sua produção, mas a de reconhecer a necessidade de sua implementação como condição mesma da democratização do ensino. Para tanto é fundamental que seja assumida como inerente ao processo educacional, contendo ela mesma um potencial educativo.

Bibliografia

BOLDBERG, M.A.A. (1980) Avaliação educacional: medo e poder!!! *Educação e avaliação*, São Paulo, n.1, pp. 96-117.

KUCKESI, C.C. (1995) *Avaliação da aprendizagem escolar*. São Paulo: Cortez.

OTT, M. (1983) *Tendências ideológicas no ensino de 1º grau*. Porto Alegre: Universidade Federal do Rio Grande do Sul (Tese de Doutorado).

PERRENOUD, P. (1993) Não mexam na minha avaliação! para uma abordagem sistêmica da mudança pedagógica. In: ESTRELA, A.; NOVOA, A. (orgs.) *Avaliações em educação:* novas perspectivas. Porto: Porto Editora, pp. 171-191.

SOUSA, S.M.Z.L. (1995) Conselho de Classe: um ritual burocrático ou um espaço de avaliação coletiva? *Idéias*, São Paulo: FDE, n.25, pp.45-60.

―――. (1994) *Avaliação da aprendizagem:* natureza e contribuições da pesquisa no Brasil, no período de 1980 a 1990. São Paulo: Universidade de São Paulo, Faculdade de Educação, (Tese de Doutorado).

―――. (1991) A prática avaliativa na escola de 1º grau. In: SOUSA, C.P. (org.) *Avaliação do rendimento escolar*. Campinas: Papirus.

STAKE, R.E. (1982) Uma subjetividade necessária em pesquisa educacional. In: GOLDBERG, M.A.A.; SOUZA, C.P. (orgs.) *Avaliação de programas educacionais: vicissitudes, controvérsias, desafios*. São Paulo: EPU, pp.46-50.

VASCONCELLOS, C. S. (1994) *Concepção dialética-libertadora do processo de avaliação escolar*. São Paulo: Libertad.

Anexo
Relação bibliográfica de pesquisas realizadas no Brasil, a partir de meados dos anos 80

ABRAMOWICZ, M. (1990) *Avaliação da aprendizagem:* como trabalhadores-estudantes de uma faculdade particular noturna vêem o processo — em busca de um caminho. São Paulo: Pontifícia Universidade Católica de São Paulo (Tese de Doutorado).

ALMEIDA, M.R. (1984) *A avaliação no processo ensino-aprendizagem:* pressupostos valorativos — um estudo exploratório. Rio de Janeiro: Pontifícia Universidade Católica do Rio de Janeiro (Dissertação de Mestrado).

DALLA, M.S. (1989) *A dimensão socializadora da avaliação:* análise a partir da avaliação qualitativa. Vitória: Universidade Federal do Espírito Santo (Dissertação de Mestrado).

DUARTE, M. (1988) *Avaliação escolar:* concepções do professor de 1ª série da escola pública de 1º grau. Vitória: Universidade Federal do Espírito Santo (Dissertação de Mestrado).

GARCIA, T.M.F.B. (1996) *Esculpindo geodos, tecendo redes:* estudo etnográfico sobre tempo e avaliação na sala de aula. São Paulo: Universidade de São Paulo (Dissertação de Mestrado).

GOMES, M.C.S. (1984) *Recuperação no ensino de 1º grau:* questão do aluno ou da escola? Fortaleza: Universidade Federal do Ceará (Dissertação de Mestrado).

LEICHT, E.M.W. (1992) *Escola pública e destino social:* o papel (e prática) da avaliação. Recife: Universidade Federal de Pernambuco (Dissertação de Mestrado).

LUCKESI, C.C. (1992) *Avaliação da aprendizagem escolar:* sendas percorridas. São Paulo: Pontifícia Universidade Católica de São Paulo (Tese de Doutorado).

LÜDKE, M.; MEDIANO Z. (coords.) (1994) *Avaliação na escola de 1º grau:* uma análise sociológica. Campinas: Papirus.

OLIVEIRA, V.B. (1990) *A dimensão do poder na avaliação da aprendizagem.* São Paulo: Pontifícia Universidade Católica de São Paulo (Dissertação de Mestrado).

OTT, M.B. (1983) *Tendências ideológicas no ensino de 1º grau*. Porto Alegre: Universidade Federal do Rio Grande do Sul (Tese de Doutorado).
PAIVA, E.P. (1990) *Avaliação e democracia:* realidade ou fantasia? Rio de Janeiro: Universidade Federal Fluminense (Dissertação de Mestrado).
SILVA, A.V.L. (1988) *O poder do conselho de classe*. Rio de Janeiro: Universidade do Estado do Rio de Janeiro (Dissertação de Mestrado).
SILVA, W.A.H. (1987) *A avaliação na classe de alfabetização*. Vitória: Universidade Federal do Espírito Santo (Dissertação de Mestrado).
SOUSA, A.M.C. (1985)*Avaliação na pré-escola:* uma análise crítica. Brasília: Universidade de Brasília (Dissertação de Mestrado).
SOUSA, C.P. (1990) *Estudo sobre o significado da avaliação do rendimento escolar*. São Paulo: Pontifícia Universidade Católica de São Paulo (Tese de Doutorado).
SOUSA, S.M.Z.L. (1986) *Avaliação da aprendizagem na escola de 1º grau:* legislação, teoria e prática. São Paulo: Pontifícia Universidade Católica de São Paulo (Dissertação de Mestrado).
_____ (1994) *Avaliação da aprendizagem:* natureza e contribuições da pesquisa no Brasil, no período de 1980 a 1990. São Paulo: Universidade de São Paulo (Tese de Doutorado).
SOUZA, M.I.G.F.M. (1988) *Planejamento, transmissão e avaliação do conhecimento escolar:* reprodução e transformação. Rio de Janeiro: Pontifícia Universidade Católica do Rio de Janeiro (Tese de Doutorado).

A autonomia da escola como contribuição à redução do fracasso escolar
José Carlos Mendes Manzano*
Nívia Gordo**

> A autonomia da escola é algo que se põe com relação à liberdade de formular e executar um projeto educativo.
>
> José Mário Pires Azanha

Ao refletir sobre a questão do fracasso escolar, encontramos, na literatura especializada, uma grande variedade de alternativas que, invariavelmente, propõem soluções para o problema a partir de pressupostos fundamentados em reflexões teóricas, muitas vezes distanciadas do conhecimento das práticas cotidianas da escola, mesmo que os autores, às vezes, façam parte da rede escolar. Quase sempre se forma um hiato entre as propostas teóricas e sua efetiva aplicação na prática escolar que, no mais das vezes, acaba produzindo desalento nos professores, os mais diretamente envolvidos com o problema, e nas famílias, que vêem o fracasso de seus filhos na escola como um sinal de que não possuem "jeito" para o estudo.

Pensando em propor alternativas que pudessem contribuir efetivamente para reduzir a distância entre teoria e prática e, ao mesmo tempo, permitissem descrever um quadro real de experiências de sucesso na superação do referido hiato, decidimos refletir sobre o fracasso escolar a partir das contribuições de José Mário Pires Azanha, tendo como eixo principal sua posição a respeito da autonomia da escola e suas orientações para um projeto de melhoria do ensino levadas a efeito na Escola de Aplicação da Universidade de São Paulo. Em suas palestras, nas publicações, nos cargos que exerceu, nos órgãos da educação do estado de São Paulo, assim como em mais de quarenta e cinco anos de magistério, o

---

* Bacharel e licenciado em história pela USP e mestre em educação pela USP. Atualmente exerce a função de Assessor Educacional da Diretoria Regional do SENAI de São Paulo e responde pela coordenação dos cursos de especialização da Universidade Bandeirante de São Paulo.

** Bacharel e licenciada em letras e pedagogia pela USP e mestre em educação pela USP. Atualmente exerce a função de Técnico em Educação no SENAI de São Paulo, na Divisão de Recursos Didáticos.

professor Azanha tem se destacado por uma forte coerência de pensamento e ação. Tem buscado encontrar propostas que possam contribuir efetivamente para a melhoria do ensino nas escolas e, ao mesmo tempo, ser viabilizadas por sua radical simplicidade, amenizando o fracasso escolar e contribuindo para formar o cidadão crítico e independente. Sua produção intelectual e sua atuação como educador oferecem condições, portanto, para que possamos pensar de forma qualificada a questão da superação do fracasso escolar, seja pela influência intelectual de sua obra acadêmica, seja pelo seu testemunho concreto na busca permanente para superar a dicotomia entre teoria e prática.

O texto é, portanto, centrado na produção bibliográfica do professor Azanha. Em determinados trechos fizemos citações literais, que consideramos necessárias, ainda que extensas. Parafraseando o próprio autor em outra ocasião, optamos por percorrer os seus trabalhos com uma certa liberdade de interpretação, pois seu estilo inconfundível, marcado por originalidade e coesão, possibilita a qualquer um perceber os nossos créditos apenas como fruto do esforço em organizar suas idéias para os propósitos deste artigo.

Os limites da ação formativa da escola

Na busca da melhoria do ensino, um aspecto nem sempre lembrado, mas que assume especial relevância, é o que se refere ao dimensionamento do papel formativo da escola, principalmente nos dias atuais em que se ampliam e se aprimoram as demais agências informativas, especialmente, a imprensa, a televisão, os meios computacionais.

Nessas condições, torna-se imprescindível definir os limites da ação formativa da escola. Seria uma atitude ingênua, por exemplo, conceber essa ação em termos de disputa com as demais agências, uma vez que, por sua própria natureza, a escola exerce uma função singular nos âmbitos da leitura, da escrita e do domínio do acervo de conhecimentos relacionados a história, geografia, ciências, matemática, artes e literatura em geral. Dessa forma, cabe à escola não uma posição de concorrente com os diversos meios educativos, mas sim de integradora das experiências a que são submetidas as crianças. Sem qualquer receio de cometer uma heresia, é preciso resgatar a concepção da escola como um meio de instrução capaz de transmitir conhecimentos que sirvam de base para a aquisição de uma cultura geral.

É preciso, portanto, romper com a idéia de que a escola ideal deve dispor de um currículo amplo, integrado com as mais diversas atividades intra e extra-escolares. Pelo contrário, o currículo recomendável deve ser o mais simples possível, constituído de um mínimo básico e comum a todos, conforme dispõe a nova lei de diretrizes e bases da educação nacional (LDB).

Azanha afirma, em relação a essa questão, que o *pout-pourri* curricular oferecido nas escolas de primeiro grau, atualmente denominado ensino fundamental, representa um engodo para a grande massa da população. Para ele, deveria haver fixação na lei, por exemplo, do "essencial: a língua materna, a matemática, a história, a geografia. O mais viria por acréscimo, sem mentiras, quando fosse possível. Quando não for, todo o horário escolar será preenchido com esses instrumentos fundamentais do saber. Na verdade, muitas vezes, os acréscimos ao essencial são um conjunto de informações de almanaque que apenas desvia a criança de aprendizados importantes nas matérias fundamentais" (Azanha, 1995, p.34).

Poderá parecer que essa visão represente uma limitação da escola no seu esforço educativo e, portanto, uma desvalorização do currículo. Porém, é justamente nessa concepção que a escola pode recuperar sua força de atuação. Se entendermos que alfabetizar é formar um bom leitor, ao mesmo tempo capaz de se comunicar e se expressar por escrito com eficiência, e que, de posse dessas habilidades, se torne apto a adquirir os conhecimentos das diversas disciplinas curriculares, estaremos propondo, de fato, uma escola com alto poder de desempenho na sua tarefa formativa.

Nessa linha de simplicidade e concisão, caberia um questionamento, por exemplo, da real contribuição de atividades extraclasse para o processo formativo do aluno. Referimo-nos, principalmente, às excursões e às pesquisas a partir de temas estabelecidos pelos professores. Excluindo a parte recreativa das primeiras, o que restaria de uma efetiva aprendizagem que não poderia ocorrer na própria sala de aula? Evidentemente, a importância de uma excursão, posta nesses termos, pode causar espanto, tal é o grau de aceitação dessa atividade por teóricos da educação e professores. Mas, de qualquer forma, o assunto merece reflexão, quando se deseja uma atuação consistente da escola no que se refere ao seu papel formativo.

E nesse mesmo caso incluem-se as "pesquisas", exceto as que sejam relevantes para o assunto estudado e feitas em sala de aula, com orientação sistemática do professor. Caso contrário, da forma com que comumente são solicitadas, continuam sendo motivo de transtorno para os pais que se vêem impelidos a auxiliar os filhos na busca de fontes de consulta e, muitas vezes, até a darem uma "mão" na redação final. Mesmo que isso não ocorra, o produto da pesquisa é quase sempre um aglomerado de textos copiados sem indicação das fontes e, no mínimo, sem o emprego de aspas. Desse ponto de vista, o trabalho de pesquisa se reduz a um mero exercício de cópia, incentivando o plágio e fomentando a preguiça. No caso do trabalho em equipe, geralmente apenas um redige, cabendo aos demais as atividades de datilografia, digitação, acabamento etc. As ponderações até aqui feitas podem servir como referência para o delineamento das diretrizes de um plano escolar — ou, mais precisamente, de um projeto pedagógico —, que é a principal condição para a escola funcionar com autonomia.

Azanha deixa claro que a autonomia da escola não se esgota na existência de um regimento próprio e um "conselho de escola" com ampla possibilidade de participação. Para ele, "a legitimidade política da reivindicação por uma maior participação na discussão e no encaminhamento dos interesses coletivos conduziu os educadores, muitas vezes sem maior análise, a exigirem também que as questões educacionais, muitas das quais, embora estritamente técnicas, passassem a ser discutidas e resolvidas por assembléias e conselhos não apenas de educadores e de pais, mas até mesmo de alunos. Não se põe em dúvida que incentivar as comunidades a se interessarem pelas escolas que as servem e a pressioná-las a serem boas escolas é inteiramente defensável. Daí a admitir que a situação pedagógica não requer nenhuma qualificação profissional para a sua condução é até mesmo uma desvalorização da formação do professor" (Azanha, 1995, p.68).

Segundo o autor, este aspecto pode ser importante, mas, por si só, não atinge o que é essencial: a autonomia do processo educativo, entendida como a liberdade da escola para planejar e executar um projeto educativo. "O projeto educativo de uma escola é o propósito de transformar a clientela (e a comunidade) tomando em consideração não as prescrições de uma pedagogia abstrata, mas as condições reais de vida dos educandos" (Azanha, 1987, p.144).

Diretrizes gerais do projeto pedagógico

Em termos práticos, como se formula um projeto pedagógico? Sem querer correr o risco das prescrições, o que contrariaria já de início o princípio da autonomia escolar, é possível assinalar alguns procedimentos básicos para essa tarefa. Em primeiro lugar, é preciso que o pessoal da escola chegue à definição da diretriz que ela deve ter, do objetivo geral que se pretende atingir. A escola pretende, por exemplo, formar indivíduos passivos ou atuantes na sociedade, cumpridores obedientes das normas sociais ou críticos de si mesmos e da sociedade em que vivem?

Para tornar mais claro o que sejam diretrizes de um projeto pedagógico, tomemos, a título de exemplo, a "Orientação Geral" da Escola de Aplicação da Faculdade de Educação da Universidade de São Paulo, estabelecida a partir do ano letivo de 1976. Esse documento, aceito por toda comunidade escolar (pessoal técnico-administrativo, docentes, discentes, pais e alunos), é de autoria de Azanha, na época representante da direção da Faculdade de Educação junto à Escola de Aplicação.

Na orientação técnica do Plano Anual, o autor chama a atenção para os riscos que correm as escolas no afã de se tornarem "renovadas". Afirma que, na verdade, os resultados práticos da maior parte das ditas renovações têm sido escassos, provavelmente devido a uma concepção pouco clara do que seja "renovação pedagógica".

Feitas essas ressalvas, Azanha delineia, em linhas gerais, as orientações que deveriam nortear o projeto da Escola de Aplicação:

"Esta escola se propõe um trabalho diferente desse confuso estilo de renovação que, de prático, se resume em permissões sucessivas e desavisadas, na complacência com os deveres não cumpridos e na tolerância sistemática com a indisciplina. O que visamos é ao desenvolvimento dos indivíduos com capacidade de crítica. A capacidade de criticar a si próprio e à sociedade onde vive é o único ponto de apoio firme para o desenvolvimento de homens criativos e livres. Contudo, não acreditamos que a capacidade de crítica possa ser diretamente ensinada. Mas acreditamos que ninguém a desenvolverá na ignorância ou no aprendizado insuficiente de um mínimo do acervo cultural da sociedade em que vive. Porque a capacidade de crítica depende para a sua expressão do domínio de um instrumental, que não se obtém senão pelo estudo intensivo e sistemático. Por isso, o processo de ensino desta escola visará sobretudo não ao hipotético desenvolvimento de inefáveis hábitos e atitudes, mas à trivial e indispensável transmissão de conhecimentos. Os hábitos e as atitudes que compõem um espírito crítico não se desenvolvem formalmente; por isso a escola que se propõe a educar (no sentido de desenvolvimento de hábitos e atitudes) e não a instruir (no sentido de aquisição de conhecimentos) persegue um fantasma. Ninguém se educa sem aprender algo, sem se instruir; como também ninguém se instrui sem que haja oportunidade de formar hábitos e desenvolver atitudes. Nessas condições, o empenho do professor em ensinar e o esforço do aluno em aprender são elementos indispensáveis num trabalho educativo sério. O que não é incompatível, evidentemente, com a amenidade dos métodos e a cordialidade do relacionamento. Nenhum método, técnica ou procedimento será imposto ao professor, mas nenhum deve ser permitido sem que ele seja capaz de justificá-lo em termos de sua importância para a formação do educando, e não para simples distração do aluno. A escola é um lugar de trabalho — que pode e deve ser agradável — mas não de lazer." (Azanha, 1981, pp.10-11)

Como se pode observar, essa orientação deixou clara a diretriz da escola em termos dos objetivos, da concepção do papel a ser desempenhado, e da forma de conduzir a ação docente.

Aliás, a radical simplicidade dos objetivos propostos dão bem a idéia do projeto levado a efeito, pois resumiam-se em: proporcionar escolaridade, em nível de primeiro grau, aos alunos, respeitando-se a legislação vigente; aplicar e avaliar métodos educacionais previstos no Plano Anual; servir de campo de estudo para professores da Faculdade; e possibilitar estágios aos alunos da Faculdade de Educação.

Para tornar efetiva essa orientação, a direção e a equipe de coordenação técnica reconheceram, em primeiro lugar, a necessidade de chegar a um consenso do que é ser crítico, uma vez que se visava ao desenvolvimento de indivíduos com capacidade de crítica. Para a concepção desejada, foi bastante oportuno o estudo de John Passmore, filósofo da educação, a respeito do ensino do criticismo nas escolas. Segundo Passmore (1983, p.11), ser crítico é "ser capaz de participar das grandes tradições humanas: ciência, história, literatura, filosofia, tecnologia e, para participar destas tradições, deve-se, primeiro, estar instruído, aprender uma disciplina".

Passmore propõe a expressão "crítico-criativo" para esclarecer que, muito além da simples objeção, uma pessoa crítico-criativa deve saber unir a imaginação e a crítica em uma só forma de pensamento. Por exemplo, na literatura, ciência, história, filosofia ou tecnologia, o livre fluxo da imaginação é controlado pela crítica, e esta é transformada em uma nova visão do mundo: "O educador está interessado em encorajar a discussão crítica, o que é diferente do mero levantamento de objeções; e a discussão é um exercício de imaginação" (ibid., p.11).

Em síntese, fica clara a seguinte idéia: não é possível ensinar diretamente alguém a ser crítico, mas a atitude crítica pode ser desenvolvida à medida que o indivíduo se instrui, adquirindo uma cultura geral sólida — o que reforça a afirmação sobre a função formativa da escola.

Nesse sentido, o Plano Escolar Anual da Escola de Aplicação enfatizou, nos anos letivos que se seguiram, a orientação geral voltada para o criticismo e a transmissão de conhecimentos, apresentada num constante diálogo entre aluno e professor de modo a fomentar simultaneamente o entendimento e o questionamento das informações adquiridas. Ao mesmo tempo, foi ampliada a carga horária destinada às aulas de matemática e português, consideradas as disciplinas de maior relevo para o desenvolvimento do raciocínio lógico e da capacidade de comunicação e expressão oral e escrita. Por exemplo, desde a primeira série do primeiro grau, o ensino de português centralizou-se nos objetivos de despertar e manter o gosto pela leitura, além de aperfeiçoar as habilidades da escrita nas mais diversas situações: recados, instruções, anúncios, avisos, propagandas, bilhetes, cartas, telegramas, resumos, paráfrases de textos lidos etc.

Para que o ensino de português atingisse esses objetivos, foram descartados os livros didáticos dessa disciplina e o ensino formal da gramática, que só passaria a ser desenvolvido a partir da quinta ou sexta séries, assim mesmo de modo funcional. Em vez dos tediosos e ineficazes exercícios de gramática, os programas escolares da primeira à oitava séries constaram quase exclusivamente de leitura de livros da literatura infanto-juvenil (prosa e verso) de autoria de clássicos de renome, nacionais e estrangeiros (vide anexo). A leitura era feita em casa e durante a aula, dando ensejo, depois, a discussões, troca de idéias, apreciações, contando sempre com a participação do professor. A partir dessas atividades, as classes redigiam muito: comentário do livro lido, paráfrases de trechos escolhidos, resumos, biografia dos autores, quadrinhos e poemas. Tudo girava em torno do objetivo de despertar e manter o gosto pela leitura e pela comunicação e expressão oral e escrita.

Além dessas atividades, o projeto educativo da escola constou de "projetos de estudos", desenvolvidos com alunos voluntários, em horário extraclasse, e destinados a enriquecer os conhecimentos obtidos em sala de aula:
• clubes de inglês e de francês nos quais, além de aperfeiçoamento dessas línguas, os alunos tinham contato com a cultura da Inglaterra, dos Estados Unidos e da França, liam obras literárias na língua original e preparavam peças teatrais e musicais, inspiradas em autores como Molière, Balzac, La Fontaine, Perrault, Shakespeare, Byron etc.;
• cultivo de uma horta de plantas medicinais, verduras e legumes;
• um coral: "os pequenos cantores da USP";
• feira de livros;
• campeonatos esportivos, com jogos de futebol, basquete, vôlei e atletismo.

A descrição das diversas atividades tem o objetivo de demonstrar como é possível, na prática, uma escola, sejam quais forem suas condições, planejar e desenvolver um projeto pedagógico, exercendo, assim, seu trabalho escolar com plena autonomia.

Nesse sentido, a descrição de como ocorreu a prática da Escola de Aplicação configura-se como um dos modelos concretos, baseado na orientação de Azanha:

"A autonomia da escola só ganha relevância se significar autonomia da tarefa educativa: em outros termos, o assunto é quase irrelevante e poderá ser confundido, como muitas vezes é, com normas meramente administrativas. Porque, na verdade, nenhum regimento próprio, nenhum Conselho Deliberativo, por si sós, darão à escola a autonomia educativa. Esta só se obtém a partir de uma consciência aguçada e crítica das possibilidades de atuação da escola em face da clientela e da comunidade a que serve e do esforço continuado e conjunto para ir até o limite dessas possibilidades. Enfim, a autonomia da escola é algo que se põe com relação à liberdade de formular e executar um projeto educativo. E um projeto como diz Castoriades (Castoriades, C. *L'Instituition Imaginaire de la Societé*, Editions du Seuil, 1975, p.106) é a 'intenção de uma transformação do real, guiada por uma representação do sentido dessa transformação e levando em conta as condições dessa realidade'." (Azanha, 1987, p.144)

Algumas observações

Sem a pretensão de realizar uma abordagem exaustiva das idéias de Azanha, entendemos que, para que o artigo tenha a consistência desejada, é necessário expor, ainda que sumariamente, algumas de suas idéias sobre o rendimento escolar e o planejamento. É claro que a concepção de autonomia da escola, no sentido atribuído aqui, assim como a elaboração de um projeto pedagógico, mesmo que suas diretrizes sejam radicalmente simples para promover o aprendizado e impedir o fracasso escolar, não são suficientes para garantir o êxito. No seu cotidiano, as práticas escolares que conduzem o processo pedagógico são multifacetadas e difíceis de ser controladas. Aliás, como afirma o autor, a cultura escolar, representada no âmbito da escola por um "saber" não codificado, é muito pouco conhecida pela pesquisa educacional. É fundamental, então, precaver-se da ilusão de que a simples sistematização de algumas idéias possa produzir efeitos imediatos na melhoria do ensino, assim como eliminar o fracasso escolar.

As questões mais importantes relacionadas à problemática que estamos discutindo referem-se principalmente a duas variáveis fundamentais do processo pedagógico: o ajuizamento feito pelos professores sobre o rendimento escolar de seus alunos, o que inclui a decisão sobre quem será aprovado ou não, e a avaliação da aprendizagem, que, em geral, é a prática utilizada pelos professores para servir de justificativa para a tomada de decisão. Ou seja: os professores, em algum momento de seu trabalho, na maioria das vezes junto com a equipe pedagógica, decidem, por exemplo, que determinado aluno está reprovado.[1]

Para o autor, o "predicado 'ser reprovado' não existe a não ser pelas práticas que o produziram" (Azanha, 1995, p.72). Nessa direção, a proposta de se privilegiar um projeto, como o da Escola de Aplicação, pode representar um paradigma interessante na medida em que a simplicidade de seus objetivos possibilita tornar as práticas escolares eficientes no sentido de promover a aprendizagem e, conseqüentemente, reduzir o fracasso. Os professores ensinam, os alunos aprendem e a avaliação verifica se, de fato, isso ocorreu; nada mais.

Como conhecer as práticas que produzem a reprovação é algo muito difícil; torna-se fundamental, então, uma ação profilática, representada, nesse caso, por uma proposta de atuação pedagógica que privilegie um projeto com características similares às que estamos propondo: simples mas exeqüíveis.

O projeto pedagógico da Escola de Aplicação incluiu, também, orientação especial para as atividades de planejamento. Para Azanha, o planejamento oferece a possibilidade de os professores se reunirem para, além de estabelecer os conteúdos programáticos das respectivas disciplinas, avaliar o processo ensino-aprendizagem.

---

1. Em relação a esse aspecto é importante ressaltar que, em geral, quando se pergunta para algum especialista ou professor sobre o momento em que foi formado seu juízo, ou ainda, quando é que, afinal, o aluno foi retido, a resposta é sempre muito evasiva. A pesquisa educacional, como ensina Azanha (1992, p.58), não é capaz de dar respostas, por exemplo, para uma questão banal como essa e outras. Isso significa que, se não há condições de responder de forma segura em que momento do processo de aprendizagem ocorreu a reprovação, possivelmente pelo desconhecimento das práticas que o produziram, deveria haver nas escolas o bom senso de, pelo menos, evitar contribuir para o aumento dos índices estatísticos de fracassados.

Para ele, no período de apenas uma semana, que é, em geral, o tempo dedicado pelas escolas para planejar, "não se pode pretender a elaboração de um planejamento global das atividades escolares para um ano. Nessas condições, o fundamental na semana de planejamento será rediscutir os objetivos gerais do processo educativo do ensino de 1º grau, como ponto de partida para avaliação do papel de cada matéria do currículo nesse processo. E, conseqüentemente, deverá se chegar à determinação dos conteúdos mínimos a serem alcançados no ensino de cada matéria, de modo a se assegurar sua efetiva contribuição à formação geral do aluno. Outros pontos a serem discutidos, como avaliação, recuperação, utilização de biblioteca etc., serão subordinados a esse ponto prioritário: o que efetivamente é indispensável ensinar em cada matéria e como fazê-lo" (Azanha, 1981, p.32).

Uma vez que, como já vimos, o conhecimento das práticas que reprovam os alunos é difícil de ser sistematizado, um projeto pedagógico claro, nos limites da ação educativa da escola, deve se preocupar apenas com o essencial e indispensável. O resto, como afirma o autor, pode vir por acréscimo.

Conclusão

A idéia principal deste artigo foi evidenciar a contribuição do conceito de autonomia escolar, na forma como propõe Azanha, para a melhoria do ensino nas escolas.

Procuramos esclarecer que, nessa concepção, se salienta a importância da conjugação de esforços do pessoal técnico-administrativo e docente da escola no sentido de formular um projeto educativo adequado às necessidades da realidade escolar, e que indique, com clareza, a diretriz a ser seguida.

Objetivando ilustrar, na prática, a pertinência dessas idéias para o esforço de melhoria do ensino, relatamos como transcorreu o trabalho pedagógico da Escola de Aplicação da Faculdade de Educação da Universidade de São Paulo, no período em que ele foi realizado sob a orientação do autor.

Finalmente, gostaríamos de ressaltar que não consideramos nem simples nem fácil solucionar o problema do fracasso escolar. As nossas experiências ao longo de muitos anos, muitas vezes sob a orientação do professor Azanha, têm demonstrado, no entanto, que há possibilidades concretas para a superação do problema. O desalento do magistério, a que nos referimos no início, pode ser resultado de um "sentimento de impotência" perante a tarefa de se atingir objetivos pedagógicos inalcançáveis, pelo seu alto grau de sofisticação e pretensão, propostos pelas escolas.

Para ser evitado, o fracasso escolar deve necessariamente ser problematizado a partir da clara delimitação de um projeto pedagógico autônomo e mínimo, que, como afirma o autor, só a escola é capaz de realizar: "Se a própria escola não for capaz de se debruçar sobre os seus problemas, de fazer aflorar esses problemas e de se organizar para resolvê-los, ninguém fará isso por ela" (Azanha, 1995, p.24)

A escola exercerá, então, sua tarefa básica que é instruir, no sentido de aquisição de conhecimentos, e não perseguirá um fantasma, como ensina o professor Azanha.

Bibliografia

AZANHA, J.M.P. (1995) *Educação:* temas polêmicos. São Paulo: Martins Fontes.

———— (1992) *Uma idéia de pesquisa educacional.* São Paulo: Edusp.

———— (1987) *Educação:* alguns escritos. São Paulo: Editora Nacional.

———— (1981) Plano escolar anual da Escola de Aplicação da USP. In: GORDO, N. Relatório das atividades da Escola de Aplicação da Faculdade de Educação da Universidade de São Paulo. *Revista da Faculdade de Educação da Universidade de São Paulo*, v.18.

PASSMORE, J. (1983) O pensamento crítico e o ensino. *Cadernos de Didática.* Faculdade de Educação da Universidade de São Paulo, n.1, pp.1-24 (mimeo).

Anexo
Leituras indicadas na Escola de Aplicação para o primeiro semestre de 1980

A opção de incluir uma lista de obras indicadas para leitura, pela Escola de Aplicação, deve-se ao fato de a professora Nívia, em várias ocasiões, ter sido solicitada a fornecer a relação de obras indicadas para leitura. A lista, portanto, tem apenas a pretensão de demonstrar a consistência da proposta de trabalho no ensino da língua portuguesa, que foi a área que privilegiamos ao descrever a experiência da escola.

1ª série
- s/a. *A história da ratinha* (conto popular). Rio de Janeiro: EABL, 1979.
- s/a. *Ali-Babá e os 40 ladrões* (conto popular). Rio de Janeiro: EABL, 1979.
- Barrie, J. *Os meninos voadores (Peter Pan)*. Rio de Janeiro: EABL, 1979.
- Collodi. *Pinóquio*. Rio de Janeiro: EABL, 1979.
- Grimm (irmãos). *A bela adormecida*. Rio de Janeiro: EABL, 1979.
- Grimm (irmãos). *O patinho encantado*. Rio de Janeiro: EABL, 1979.
- Grimm (irmãos). *Os sete cabritinhos e o lobo*. Rio de Janeiro: EABL, 1979.
- Penteado, M.H. *Lúcia-já-vou-indo*. 3ª ed. São Paulo: Ática, 1979.
- Perrault. *O gato de botas*. Rio de Janeiro: EABL, 1979.
- Sébille, C. *O patinho e a pena*. 2ª ed. São Paulo: Ática, 1979.

2ª série
- Almeida, F.L. *A fada que tinha idéias*. 2ª ed. São Paulo: Ática, 1979.
- Andersen, H.C. *Contos de Andersen*. 9ª ed. São Paulo: Brasiliense, 1978.
- Machado, M.C. *Pluft, o fantasminha*. Rio de Janeiro: Cedibra, 1970.
- Moraes, V. *A arca de Noé (poemas infantis)*. Rio de Janeiro: José Olympio, 1980.
- Penteado, M.H. *A menina que o vento roubou*. 2ª ed. São Paulo: Pioneira, 1979.
- Rocha, R. *O reizinho mandão*. 2ª ed. São Paulo: Pioneira, 1979.

- Veríssimo, E. *As aventuras do avião vermelho*. 10ª ed. Porto Alegre: Globo, 1980.
- Veríssimo, E. *A vida do elefante Basílio*. Porto Alegre: Globo, 1979.
- Veríssimo, E. *O urso com música na barriga*. Porto Alegre: Globo, 1975.
- Veríssimo, E. *Rosa Maria no castelo encantado*. Porto Alegre: Globo, 1975.

3ª série
- Almeida, L.M. *Estórias do fundo do mar*. 5ª ed. São Paulo: Melhoramentos, 1980.
- Andrade, C.D. et al. *Para gostar de ler*. São Paulo: Ática, 1980 (vol.V).
- Defoe, D. *Robinson Crusoé*. Rio de Janeiro: Edições de Ouro, s/d.
- Druon, M. *O menino do dedo verde*. 21ª ed. Rio de Janeiro: José Olympio, 1979.
- Dupré, M.J. *A ilha perdida*. 7ª ed. São Paulo: Ática, 1975.
- Lessa, O. *Memórias de um cabo de vassoura*. Rio de Janeiro: Edições de Ouro, s/d.
- Lobato, M. *O sítio do pica-pau amarelo*. 19ª ed. São Paulo: Brasiliense, 1977.
- Verne, J. *Vinte mil léguas submarinas*. Rio de Janeiro: Edições de Ouro, s/d.
- Werneck, L. *O velho que foi embora*. 2ª ed. São Paulo: Melhoramentos, 1977.

4ª série
- Bandeira, M. *Meus poemas preferidos*. Rio de Janeiro: Edições de Ouro, s/d.
- Caroll, L. *Alice no país das maravilhas*. Rio de Janeiro: Edições de Ouro, s/d.
- Lobato, M. *Viagem ao céu*. 24ª ed. São Paulo: Brasiliense, 1979.
- Nunes, L.B. *A bolsa amarela*. 4ª ed. Rio de Janeiro: Agir, 1980.
- Ramos, G. *Seleção de contos brasileiros Norte-Nordeste*. Rio de Janeiro: Edições de Ouro, s/d.
- Sabino, F. et al. *Para gostar de ler*. 3ª ed. São Paulo: Ática, 1979 (Vol. II).
- Silva Marinho, J.C. *O gênio do crime*. 16ª ed. São Paulo: Obelisco, s/d.
- Twain, M. *As aventuras de Tom Sawyer*. Rio de Janeiro: Edições de Ouro, s/d.
- Verne, J. *A ilha misteriosa*. Rio de Janeiro: Edições de Ouro, s/d.
- Verne, J. *A volta ao mundo em 80 dias*. Rio de Janeiro: Edições de Ouro, s/d.

5ª série
- Bopp, R. *Cobra Norato e outros poemas*. 12ª ed. Rio de Janeiro: Civilização Brasileira, 1978.

- Cascudo, C. *Lendas Brasileiras*. Rio de Janeiro: Edições de Ouro, s/d.
- Chirstie, A. *Por que não pediram a Evans?* 3ª ed. Rio de Janeiro: Nova Fronteira, 1976.
- Picchia, M. *Juca mulato*. Rio de Janeiro: Edições de Ouro, s/d.
- Ramos, G. *Contos e lendas brasileiras*. Rio de Janeiro: Edições de Ouro, s/d.

Foram ainda lidas diversas obras da escolha dos alunos e várias biografias (músicos, personagens da história, pintores, escultores, poetas e cientistas).

6ª série
- Bopp, R. *Cobra Norato e outros poemas*. 12ª ed. Rio de Janeiro: Civilização Brasileira, 1978.
- Bulfinch, T. *O livro de ouro da mitologia (História de deuses e heróis)*. Rio de Janeiro: Edições de Ouro, s/d.
- Cascudo, C. *Lendas brasileiras*. Rio de Janeiro: Edições de Ouro, s/d.
- Picchia, M. *Juca mulato*. Rio de Janeiro: Edições de Ouro, s/d.
- Ramos, G. *Contos e lendas brasileiras*. Rio de Janeiro: Edições de Ouro, s/d.
- Veríssimo, E. *Música ao longe*. 27ª ed. Porto Alegre: Globo, 1979.

Foram ainda lidas diversas obras à escolha dos alunos.

7ª série
- Amado, J. *A morte de Quincas Berro D'água*. Rio de Janeiro: Record, s/d.
- Amado, J. *Capitães de areia*. Rio de Janeiro: Record, s/d.
- Forsyth, F. *O pastor*. Rio de Janeiro: Record, s/d.
- Hesse, H. *Contos*. São Paulo: Civilização Brasileira, s/d.
- Huxley, A. *O admirável mundo novo*. São Paulo: Círculo do Livro, s/d.
- Picchia, M. *Juca mulato*. Rio de Janeiro: Edições de Ouro, s/d.
- Veríssimo, E. *Contos*. 5ª ed. Porto Alegre: Globo, 1980.

8ª série
- Amado, J. *Capitães de areia*. Rio de Janeiro: Record, s/d.
- Bach, R. *Ilusões*. Rio de Janeiro: Record, s/d.
- Hesse, H. *Demian*. São Paulo: Civilização Brasileira, s/d.
- Picchia, M. *Juca mulato*. Rio de Janeiro: Edições de Ouro, s/d.

leia também

AUTORIDADE E AUTONOMIA NA ESCOLA
ALTERNATIVAS TEÓRICAS E PRÁTICAS
Julio Groppa Aquino (org.), Yves de La Taille, Ulisses F. de Araújo e outros

Com as transformações do contexto educacional, a atuação dos profissionais da educação tornou-se objeto de controvérsias. A sala de aula é testemunha da diversidade de práticas educativas. Este livro aborda os limites da autonomia e da autoridade docente, o que recuperar e o que abandonar na prática cotidiana etc.

REF. 10679   ISBN 85-323-0679-9

CONFRONTOS NA SALA DE AULA
UMA LEITURA INSTITUCIONAL DA RELAÇÃO PROFESSOR-ALUNO
Julio Groppa Aquino

Focalizando a relação professor-aluno como núcleo de vínculos pedagógicos, este livro circunscreve a constituição imaginária do cotidiano escolar contemporâneo. Pelos depoimentos de professores e alunos de diferentes níveis, percebem-se pronunciadas exigências de normatização da conduta alheia, bem como diferentes estratégias normativas e de resistência em cada etapa da escolarização.

REF. 10561   ISBN 85-323-0561-X

DIFERENÇAS E PRECONCEITO NA ESCOLA
ALTERNATIVAS TEÓRICAS E PRÁTICAS
Julio Groppa Aquino (org.), Vitória Benevides, Iraí Carone e outros

Como compatibilizar as igualdades democráticas com as particularidades humanas e sociais, sejam elas de gênero, étnicas, religiosas, cognitivas ou culturais? Essa coletânea busca apresentar ações para se enfrentar as diferenças e o preconceito no dia-a-dia escolar.

REF. 10610   ISBN 85-323-0610-1

DROGAS NA ESCOLA
ALTERNATIVAS TEÓRICAS E PRÁTICAS
Julio Groppa Aquino (org.), Beatriz Carlini-Cotrim, Lídia Aratangy e outros

As drogas são um dos problemas que mais afligem a sociedade contemporânea, e a escola se vê confrontada com essa realidade. Como posicionar-se diante do uso/abuso das drogas? Neste livro, são abertas possibilidades diversas de compreensão, assim como de manejo de situações escolares que incluem essa questão.

REF. 10622   ISBN 85-323-0622-5

leia também

HUMOR E ALEGRIA NA EDUCAÇÃO
Valéria Amorim Arantes (org.)
Se por um lado a vida escolar é composta de obrigações e deveres nem sempre prazerosos, embora necessários, por outro trata-se de um momento pleno de desafios e descobertas. Quase sempre esquecidos, humor e alegria são ingredientes preciosos e essenciais do fazer escolar. Este é o tema desta coletânea, constituída por diferentes autores e abordagens.
REF. 10700   ISBN 85-323-0700-0

INDISCIPLINA NA ESCOLA
ALTERNATIVAS TEÓRICAS E PRÁTICAS
Julio Groppa Aquino (org.), Marlene Guirado, Yves de La Taille e outros
Esta obra apresenta múltiplas abordagens teóricas e possíveis encaminhamentos práticos para o problema da indisciplina na escola. Psicólogos, psicanalistas, sociólogos e pedagogos enfrentam a indisciplina com visão atualizada, propondo soluções criativas para compreender e resolver o problema.
REF. 10583   ISBN 85-323-0583-0

O JUÍZO MORAL NA CRIANÇA
Jean Piaget
Obra pioneira de um dos maiores pensadores do século. Propondo-se a descobrir o que vem a ser o respeito à regra do ponto de vista da criança, o autor realiza uma série de entrevistas com crianças e analisa as regras do jogo social e a formação das representações infantis: os deveres morais e as idéias sobre mentira e justiça, entre outras.
REF. 10457   ISBN 85-323-0457-5

PIAGET, VYGOTSKY, WALLON
TEORIAS PSICOGENÉTICAS EM DISCUSSÃO
Yves de La Taille, Marta Kohl de Oliveira e Heloysa Dantas
Três professores da Universidade de São Paulo, analisam temas substantivos em psicologia à luz das teorias de Piaget, Vygotsky e Wallon. Entre eles, os fatores biológicos e sociais no desenvolvimento psicológico e a questão da afetividade e da cognição.
REF. 10412   ISBN 85-323-0412-5

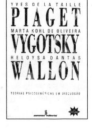

leia também

SEXUALIDADE NA ESCOLA
ALTERNATIVAS TEÓRICAS E PRÁTICAS
Julio Groppa Aquino (org.), Paulo Albertini, Rosely Sayão e outros

Nesta coletânea, o tema da sexualidade é desdobrado de diversas maneiras por teóricos de diferentes áreas e orientações. Trata-se de um livro sobre as múltiplas possibilidades de tangenciamento teórico e prático das manifestações da sexualidade no cotidiano escolar, ultrapassando os limites dos conhecidos guias de orientação sexual.
REF. 10593   ISBN 85-323-0593-8

SOBRE UMA ESCOLA PARA O NOVO HOMEM
J. A. Gaiarsa

Aqui o autor ajuda a questionar (e demolir!) o sistema educacional brasileiro, que, segundo ele, é arcaico e reacionário. Educar significa conduzir, diz ele, e a escola não está cumprindo seu papel. Além de críticas, o livro traz idéias e propostas para humanizar o ensino e ajudar as crianças a se prepararem para um mundo diferente.
REF. 20010   ISBN 85-7183-010-X

TRANSTORNOS EMOCIONAIS NA ESCOLA
ALTERNATIVAS TEÓRICAS E PRÁTICAS
Pippa Alsop e Trisha McCaffrey (orgs.), Julio Groppa Aquino (org. da ed. bras.)

Muitas vezes os alunos trazem para a sala de aula transtornos emocionais que exigem dos educadores uma postura diferenciada, já que ultrapassam o âmbito pedagógico da intervenção escolar. Este livro apresenta formas de compreensão e de manejo relativas a situações adversas como: crianças enlutadas, distúrbios mentais, doenças etc.
REF. 10673   ISBN 85-323-0673-X

A VIOLÊNCIA NA ESCOLA
C. Colombier, G. Mangel e M. Perdriault

O tema da violência escolar encontra um enfoque atualizado e detalhado neste livro, do ponto de vista da pedagogia institucional. São quatro monografias que abordam a violência na escola, com descrições da agressividade entre professores e alunos e dos alunos entre si. É o relato de uma experiência visando meios de trabalhar com uma classe especialmente violenta.
REF. 10344   ISBN 85-323-0344-7

IMPRESSO NA
sumago gráfica editorial ltda
rua itauna, 789   vila maria
02111-031   são paulo   sp
tel e fax 11 **2955 5636**
sumago@sumago.com.br

------ dobre aqui ------

CARTA RESPOSTA
NÃO É NECESSÁRIO SELAR

O SELO SERÁ PAGO POR

AC AVENIDA DUQUE DE CAXIAS
01214-999 São Paulo/SP

------ dobre aqui ------

ERRO E FRACASSO NA ESCOLA

CADASTRO PARA MALA DIRETA

Recorte ou reproduza esta ficha de cadastro, envie completamente preenchida por correio ou fax, e receba informações atualizadas sobre nossos livros.

Nome: _____ Empresa: _____
Endereço: ☐ Res. ☐ Coml. _____ Bairro: _____
CEP: ____-____ Cidade: _____ Estado: _____ Tel.: ( ) _____
Fax: ( ) _____ E-mail: _____ Data de nascimento: _____
Profissão: _____ Professor? ☐ Sim ☐ Não Disciplina: _____

1. Você compra livros:
☐ Livrarias ☐ Feiras
☐ Telefone ☐ Correios
☐ Internet ☐ Outros. Especificar: _____

2. Onde você comprou este livro? _____

3. Você busca informações para adquirir livros:
☐ Jornais ☐ Amigos
☐ Revistas ☐ Internet
☐ Professores ☐ Outros. Especificar: _____

4. Áreas de interesse:
☐ Educação ☐ Administração, RH
☐ Psicologia ☐ Comunicação
☐ Corpo, Movimento, Saúde ☐ Literatura, Poesia, Ensaios
☐ Comportamento ☐ Viagens, *Hobby*, Lazer
☐ PNL

5. Nestas áreas, alguma sugestão para novos títulos? _____

6. Gostaria de receber o catálogo da editora? ☐ Sim ☐ Não

7. Gostaria de receber o Informativo Summus? ☐ Sim ☐ Não

Indique um amigo que gostaria de receber a nossa mala direta

Nome: _____ Empresa: _____
Endereço: ☐ Res. ☐ Coml. _____ Bairro: _____
CEP: ____-____ Cidade: _____ Estado: _____ Tel.: ( ) _____
Fax: ( ) _____ E-mail: _____ Data de nascimento: _____
Profissão: _____ Professor? ☐ Sim ☐ Não Disciplina: _____

Summus Editorial
Rua Itapicuru, 613 7º andar 05006-000 São Paulo - SP Brasil Tel. (11) 3872-3322 Fax (11) 3872-7476
Internet: http://www.summus.com.br e-mail: summus@summus.com.br

cole aqui